U0038640

文明
叢書 3

佛教與素食

康　樂　著

三民書局

國家圖書館出版品預行編目資料

佛教與素食／康樂著.－－初版二刷.－－臺北市；
三民，2003
　　面；　公分.－－(文明叢書:3)

　　ISBN 957－14－3533－3　(平裝)

　　1. 素食主義

225.793　　　　　　　　　　　　　　　　90015709

網路書店位址　http://www.sanmin.com.tw

Ⓒ　佛教與素食

著作人　康　樂
發行人　劉振強
著作財
產權人　三民書局股份有限公司
　　　　臺北市復興北路386號
發行所　三民書局股份有限公司
　　　　地址／臺北市復興北路386號
　　　　電話／(02)25006600
　　　　郵撥／0009998-5
印刷所　三民書局股份有限公司
門市部　復北店／臺北市復興北路386號
　　　　重南店／臺北市重慶南路一段61號
初版一刷　2001年10月
初版二刷　2003年9月
編　號　S 220620
基本定價　貳元捌角
行政院新聞局登記證局版臺業字第〇二〇〇號

ISBN　957－14－3533－3　(平裝)

五天竺圖　可能是後人仿玄奘所繪的五天竺圖摹本。圖中紅線所繪為唐玄奘西行求法時經過的國家和地區。

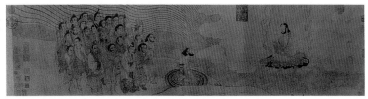

番王禮佛圖　傳入中國的佛教，不僅對中國境內的民族有重要的影響，亦以中國為中介傳入周遭的國家和民族。宋人繪製的番王禮佛圖，表現了不同民族的人在番王率領下聆聽佛陀教化的情形。

莫高窟彩塑　因年代、地域不同，佛像的造型各異，阿難和迦葉也是如此。圖為敦煌莫高窟第二四四窟的隋代彩塑像。主尊正襟危坐，溫和慈祥。迦葉老態深沉，阿難年少穎悟，陪立於兩旁。

眾仙圖　清代所繪眾仙圖，承繼了以往三教共樓的風格，既有儒家
的聖人，又包括了佛、道的神仙，濟濟一堂，構成了一個和諧的神
界。圖為眾仙圖上部的主神。

釋迦出山圖　佛教於西元紀元初年傳入中國，記載釋迦牟尼
事蹟的漢譯佛家經典很多。繪畫與各種造型也很多。圖為宋
梁楷繪釋迦出山圖。

鎏金銅釋迦像　1965年內蒙古托克托縣古城出土北魏釋迦像。釋迦端坐在須彌座上，作說法狀，耳廓大而下垂，有北魏時期佛像的明顯特徵。

摩尼教經典殘片　摩尼以明、暗二宗說創教，二宗經成為摩尼教的主要經典。延載元年（694年），二宗經傳入中國，後又有漢譯本流行於世。圖為新疆庫車發現的八至九世紀紙本摩尼教經典殘片。

傳戒圖 清任熊繪的傳戒圖，生動地反映出受戒時的情形。畫中戒師端坐於蓮座之上，座下分站受戒僧眾，皆為中華人物形象。

泉州摩尼教遺址 泉州華表山元代草庵，是目前世界上唯一完整保存下來的摩尼教遺址。

僧犁圖　農業生產是寺院經濟的重要活動，僧人亦常是生產與誦經相結合。清任渭長繪僧犁圖，即表現了僧人從事農業生產的景象。

文明叢書序

　　起意編纂這套「文明叢書」，主要目的是想呈現我們對人類文明的看法，多少也帶有對未來文明走向的一個期待。

　　「文明叢書」當然要基於踏實的學術研究，但我們不希望它蹲踞在學院內，而要走入社會。說改造社會也許太沉重，至少能給社會上各色人等一點知識的累積以及智慧的啟發。

　　由於我們成長過程的局限，致使這套叢書自然而然以華人的經驗為主，然而人類文明是多樣的，華人的經驗只是其中的一部分而已，我們要努力突破既有的局限，開發更寬廣的天地，從不同的角度和層次建構世界文明。

　　「文明叢書」雖由我這輩人發軔倡導，我們並不想一開始就建構一個完整的體系，毋寧採取開放的系統，讓不同世代的人相繼參與，撰寫和編纂。長久以後我們相信這套叢書不但可以呈現不同世代的觀點，甚至可以作為我國學術思想史的縮影或標竿。

2001年4月16日

自　序

　　在我還小的時候，外祖母每年總會來和我們家人相聚一段時間。外祖母是個虔誠的佛教徒，只是，對於當年的我來說，佛教似乎還是個太過抽象的名辭；在記憶裡，這個名辭所代表的只是：永遠伴隨著外祖母身邊的一股若有若無的檀香味，以及她老人家的長年持齋。

　　一提起佛教，自然就聯想到素食，對中國人而言，所謂的「出家人」就是「吃齋」的人，這是天經地義的事，除了濟公等少數傳說中的人物外，「酒肉和尚」一直到現在還是罵人的話。然而，佛教僧侶是否一定得吃素，實際上的情況似乎並非如此，除了中國佛教（以及直接從中國傳入的臺灣佛教）外，其他的佛教，例如藏傳佛教、東南亞一帶的南傳佛教、日本佛教等等，並不忌諱吃葷。

　　其實，即使是中國佛教，僧侶的全面素食(禁斷酒肉)也是在佛教傳入中國將近五百年以後的事，而一手導演此一佛教史上劃時代事件的關鍵人物則是南北朝時的梁武帝（西元502–549年）。梁武帝的動機何在？

此一事件的歷史意義如何？這是本書主旨所在。

除此之外，許多社會都有宗教性「潔淨」與「不淨」的觀念，但並不一定都會與食物牽扯上關係；然而，印度的「潔淨」與「不淨」則有相當大的部分與飲食有關。只是，在古代印度社會裡，素食與肉食是否就可簡單地和「潔淨」與「不淨」劃上等號，恐怕還有商榷的餘地（祭祀時用牲、食用祭品、尊貴客人來時要殺牛款待等禮俗，都可證明原先肉食並非絕對的「不淨」）。肉食之被視為「不淨」，以及「不殺生」、「素食」與「潔淨」幾個觀念之間劃上等號，應該是較晚起的現象。

原始佛教雖然強調不殺生，然而由於堅持托缽乞食的緣故，無法挑剔食物，對於素食與否反而並非那麼在意（佛陀從來就沒有禁止過肉食）。只是，當素食在印度社會已逐漸成為一般大眾的一個倫理判準時，為了招徠信徒，相抗衡的一些宗教——例如婆羅門教、佛教（大乘）與耆那教——自也不得不開始強調素食，而肉食也就逐漸與「不淨」劃上等號，其間的關鍵點則在「潔淨」與「身分」之間的互動關係。因此，素食此一觀念在印度歷史上的演變過程，自然是本書所要探討的另外一個重點。究實而言，它也是中國佛教

之所以最後會走上素食一途的重要因緣之一。

　　本書主要是由筆者兩篇論文綜合而成，為了方便讀者閱讀，附註已全部刪除，引文也盡量刪節並轉換成白話。讀者若有意作進一步探索，請參閱筆者論文：一、〈潔淨、身分與素食〉，《大陸雜誌》，102:1(2001)；二、〈素食與中國佛教〉，《余英時院士榮退紀念論文集》，聯經出版公司。

佛教與素食

第一篇

潔淨、身分與素食

素食的起源

嚴格說來，素食主義並非一種原始的習慣，照法國人類學者杜蒙(Louis Dumont)的說法，「世界各地分化程度較低的社會都沒有素食的習慣」，即使像印度那樣崇尚素食的民族，「一般民眾和部族社會都沒有歷史久遠的素食傳統」。在中國古代，素食（通常是用「蔬食」一詞）可能也是一般平民日常的生活方式，因此才會出現以「肉食者」來形容「官職者」的習慣，但這主要是基於經濟的考量，而不涉及任何宗教或倫理的因素。實際上，在孟子看來，如果一個國家裡一般的老人都能食肉的話，反而是政治上軌道的象徵：

> 王如果要施行仁政，為什麼不從根本著手呢？
> 每家給他五畝土地的住宅，四周種植起桑樹，
> 那麼，五十歲以上的人都可以有絲棉襖穿了。
> 雞狗和豬這類家畜，都有力量和工夫去飼養蕃
> 殖，那麼，七十歲以上的人就都有肉可吃了。

……老年人個個穿棉吃肉，一般人不凍不餓，
這樣還不能使天下歸服的，那是從來沒有的事。
（《孟子‧梁惠王上》）

就此而言，印度社會顯然可算是一個特例，在那兒，
素食主義被籠罩上一層宗教與倫理性的色彩。

不過，素食在印度之被視為——相對於肉食——
一種較為聖潔與高尚的生活方式，其實是相當晚起的
事，而且，實際上是在「不殺生」(ahimsā)此一傳統觀
念的要求下才逐漸發展出來的，相對於今日世界其他
各地提倡素食者乃著眼於健康或生態環境的保護而言
（他們堅持畜牧業比起農業對於生態環境的破壞來得
更激烈），毋寧有其特殊之處。因此，要了解印度人的
素食觀，還得從他們的不殺生觀切入才行。

不任意宰殺牲畜在印度有其久遠的傳統，吠陀時
代的印度人很可能是以畜牧業為主要的生產方式（雅
利安人，至於原住民則可能是農民），結果就像很多游
牧民族一樣，雖然也吃肉，基本上卻是以獵捕而來的
獸肉為主，至於作為生產工具的牲畜，一般只有在很
特殊的理由下，比方說獻祭或宴請重要的賓客時，才
會宰殺分享。古印度的《家庭經》及《律法經》即有

記載，舉行某些儀式時可殺母牛：例如祭祖、接待尊貴的客人，這種客人被稱為goghna（殺牛者），某一特定的獻祭中則要殺公牛。換言之，牲畜對他們而言，實具有一種宗教性的意義，有點類似農業民族對耕牛的感情一樣。印度後來發展出對母牛的崇敬，其根源或可由此覓之。只是，不管怎麼說，在古代印度人的觀念裡，素食還談不上具有任何的特殊意義可言，至少一直到佛陀的時代（西元前五世紀）為止，還是如此。

根據經典所述，當年佛陀的堂弟提婆達多為了爭奪教團的領導權，曾經想確立「頭陀行」（徹底的苦行）為僧侶唯一的修行方式，以吸引有此種傾向的僧眾的擁戴。然而，除了堅持終身行頭陀之外，他還特別加上了「不食肉、魚」的要求，這可是連頭陀行都沒有的規定。為何提婆達多會提出此一特殊的要求，照經典的解釋是因為食肉、魚，「於諸眾生為斷命事」。換言之，在提婆達多看來，若要堅持不殺生的信仰，素食的戒律顯然是必要的，這點倒是完全符合後來大乘佛教的主張，而提婆達多——就現存資料來看——無疑就成為印度史上將「不殺生戒」與「素食」觀念結合起來的第一人。

提婆達多的建議當場就被佛陀拒絕了，拒絕的因素可能相當複雜，不過，基本上佛陀一向就堅持中道的理念——既不強調過分苦行，也不贊成放逸享樂。提婆達多要求以頭陀行為唯一的修行方式，會遭到拒絕自然不足為奇。不過，此處我們關心的是佛陀對於素食此一要求的答覆：

> 愚昧的人啊，我不准僧侶吃三種不淨的肉——見到、聽到和起疑心。何謂見到？自己親眼看到那隻畜牲確實是為我而殺；何謂聽到？從可靠的人那裡聽到確實是因為我而殺那隻畜牲；何謂起疑心？附近沒有肉舖，又沒有自然死亡的牲畜，而那個施捨肉的人看來兇惡，的確有可能故意奪走畜牲的性命。愚昧的人啊，我不准僧侶吃這樣的三種肉。愚昧的人啊，我准許僧侶吃三種淨肉，那三種——沒有見到、沒有聽到和不起疑心。何謂沒有見到？沒有親眼看到那隻畜牲是為我而殺；何謂沒有聽到？沒有從可靠的人那裡聽到是因為我而殺那隻畜牲；何謂不起疑心？附近有屠夫肉舖，那個施捨肉的人看來有慈悲心，不可能奪走畜牲的性命。

我准許僧侶吃這樣的三種淨肉。

換言之，只要能確定並非特別為了招待僧侶而宰殺的話（即所謂「故殺」），就可以放心食用。以今日眼光看來，這似乎有點掩耳盜鈴的味道，只是當時的佛陀卻也有其不得已的苦衷。

我們曉得，佛陀在世時，僧團還沒有建立什麼寺院，更談不上擁有田產──換言之，僧院領主制尚未開始發展。因此，僧伽並不自行負責飲食問題（實際上亦無能為力），食物來源主要還是得依賴乞食。僧侶既然必須依乞食為生，施主的家中卻又不一定剛好都備有素食，乞食者若要堅持素食，挨餓的機率就不免要大上許多。這是佛陀並不堅持僧侶一定得素食的主要因素。除了環境的考量外，我們曉得佛陀並非一個嚴格的戒律主義者，他在臨終前還特別交代弟子阿難：「若（僧伽）欲除小小戒，聽除」；換言之，細枝末節的戒律條文的更動，他是不太在意的。《十誦律》記載，佛陀弟子迦留陀夷在某次乞食時，不小心壓死了一個嬰兒，擔心是否犯了波羅夷（逐出僧團）的重罪，結果佛陀只是問他「以何心作」，若無心即無犯。對佛陀來說，動機永遠是最關鍵的，《南傳大藏經・經分別》

在總結「殺生」此一戒律時，開宗明義即說：「若是比丘故意取人性命……」，強調的是「故意」兩字——這正是「不殺生」一詞的本意，強調的是「無殺念」(absence of desire to kill)。換言之，若非故意（無心），則後果如何實可不必太過多慮。這倒有點類似基督教所說的：「基督徒的動機是良善的，至於後果則委諸上帝」。這就是佛陀的立場——只問是否故殺，素食與否則非所介意。

然而佛陀對不殺生的要求可是堅定不移的。他對婆羅門祭典的抨擊主要即集中在儀式裡的大量用牲：

> 佛陀告訴優波迦：「在舉行盛大祭典時，綁起整群的小公牛、公水牛、母水牛，以及羊群等等各種眾生，統統殺害，逼迫苦切；役使僕人，鞭笞恐嚇他們，使得他們悲泣號呼不喜不樂，苦於作役。像這樣的祭典，我是不會讚賞的，因為製造了大苦難的緣故。如果舉行祭典時不綁起整群的牛羊，……乃至不使眾人辛苦作役，像這樣的祭典，是我所讚賞的，因為不製造大苦難的緣故」。

當時的印度人普遍認為祭祀乃是為自己及家族謀求此生之安樂、來世之福報乃至生天（成為天神）的必要手段。印度最古老的經典，所謂《吠陀》者，實際上即為祭祀所用的聖典。佛陀實際上是不相信祭祀可以有任何效用的，在《長阿含・三明經》裡，他認為就算是所謂的「三明婆羅門」（即能通曉梨俱、沙摩、夜柔三吠陀的婆羅門），如果「為五種欲望所迷惑，為情愛所束縛，見不到自己的過失，不知出世的要旨。……就算他奉事日月水火，唱道：『扶接我去生梵天者』，也無成功之可能」。只是當時印度人普遍信仰祭祀的作用，他也只好退而求其次，以殺生與否作為評價祭典的標準。他禁止門徒從事農作及土木，主要的著眼點也是為了避免殺生。除了釋尊之外，當時另一個偉大的宗教導師──耆那大雄──也是力行不殺生禁戒的。

不殺生戒並非佛陀與大雄的獨得之秘，它其實是印度社會傳統的「五戒」（不殺生、不妄語、不盜、不淫、不飲酒）之一，大致上可說是印度各種姓的共同規範。作為種姓之首、社會導師的婆羅門，對此五戒的遵守，照說應更嚴格以為其他種姓的表率。然而由於印度祭祀的要求用牲，　有時祭品甚至多達數百

頭牛羊，使得負責舉行祭典的婆羅門在必要時又不得不大開殺戒，其間的矛盾一直到《摩奴法論》的編成年代（西元前二世紀）仍持續存在，而不殺生戒在印度社會——至少到佛陀的時代為止——多半也就只不過是個空泛的道德規範罷了。然而佛陀與大雄的堅持卻使得這個在當時已形同具文的規範再度為印度社會所正視。

單只個人遵行不殺生的戒律或許影響還小，偏偏這兩個導師卻又創出了早期印度宗教史上最重要的兩個異端教派（佛教與耆那教），在這兩個教派的影響——其實也可說是壓力——下，婆羅門教不得不重新思考不殺生戒的問題。只是，婆羅門教在此就不免要面臨一個進退維谷的困境(dilemma)：格於吠陀經典對祭祀的明文規定，某些儀式必須用牲，否則祭典即無任何功德可言；可是殺生卻又明顯有違當時社會一般的道德規範——尤其是在佛教與耆那教興起之後。這個問題顯然帶給當時的婆羅門教相當大的困擾，或許直到今天仍然還沒有徹底解決。根據杜蒙的看法，以目前印度的一般情況而言，如果婆羅門偶爾施行血祭，那應是例外。不過，杜蒙也報導過：「有些呈現互補性的事實實在太明顯也太普遍，很難加以忽視，比方說

在祭典進行到一定的時刻，婆羅門會離開現場，走出他平日負責的廟宇，等血祭施行完畢以後再回去」，似乎可算是種掩耳盜鈴的作法。只是這種作法無疑也說明了婆羅門所遭遇的困境。

阿育王

　　話說回來，提婆達多當年所發動的「革命」雖然沒能成功，火種終究還是延燒了下來。根據佛教經典的記載（雖然已經過不少扭曲），即使在提婆達多被逐出教團之後，還是有不少跟隨的徒眾，他們應該就是印度史上最早堅持全面素食的團體了。而且這個教團最後雖然沒能發展出像佛教或耆那教那樣強大的宗教勢力，卻也還是不絕如縷的延續下來，一直到西元五世紀初，法顯在印度的拘薩羅國舍衛城還碰到過提婆達多的信徒：

> 調達（提婆達多）亦有徒眾在此，常供養過去三佛，唯不供養釋迦文佛。

兩個世紀後（西元七世紀），先後到印度留學的玄奘與義淨，也都曾經遇見過提婆達多的信徒。只是，由於始終無法形成一股舉足輕重的力量，他們全面素食的

主張顯然並沒有能夠在當時的印度社會中引起足夠的回響。

　　不過，不殺生與素食相互結合的觀念在印度社會終究還是逐漸受到重視，其間詳細的演變過程，由於史料有闕，我們今日已無法完全明瞭，然而，根據有限的資料研判，至遲在阿育王的時代（西元前三世紀中葉），我們從他的石刻中已可明顯看到對不殺生觀念的再三強調：

　　　　此一公告有關「正法」者，乃天所親王（即阿育王）所述：

　　　　不得在此殺生，每逢節日亦不得在此集會。蓋天所親王常見節日聚會，惡事屢生。天所親王思及祇有一種節會尚屬可行。

　　　　昔時不知千百生物，宰於天所親王之廚房中。今則此一有關「正法」公告頒布後，每日只有兩鳥一獸宰於天所親王之廚房中（譯者按：此處所謂兩鳥一獸，依印度古史所傳，為兩隻孔雀，一隻鹿也）。甚至此一獸亦不常殺。將來對於此三種鳥獸，亦當停止宰殺。（〈基娜石訓〉）

　　　　天所親王如是言曰：

在我即位後第二十六年，我宣布下列諸類動物不得殺害：鸚鵡、鳬鳥、鵝、野鵝、蝙蝠、雌蟻、泥龜、缸魚、水牛、豪豬、野兔、十二角角鹿等，此外如家禽、白鴿、犀、及四足之獸，如不能充食或作耕種之用者，亦應釋放而不得殺害。

凡牝羊牝豚等如已懷胎或剛生產給乳之時，不得殺害。其小羊小豚尚在六月以下者，亦將禁止殺害。雄雞不得閹割，玉蜀黍之苞中，如有微細生物存在，亦不得焚燒。山林不得任意縱火焚燒或因殺害禽獸而焚燒之。此外四生之物不得食四生生命也。

每年□□等月圓之日，以及該月初一、十四及十五，暨齋日，魚類不得殺害與售賣。同時凡在象林內走獸及漁人所蓄魚池內等魚，亦不得殺害。

每逢□□等月以及各該月之初八及十四，與夫王道吉日，牝牛不得閹割。山羊、羯羊、野豬等，亦不得在上列時日，予以閹割。馬與牡牛亦不得在此等日期內烙印。在我即位以來二十六年內，我曾下令大赦二十五次。（〈羅摩坡柱訓〉）

這是一份很有趣的文獻，也是唯一一份比較可以清楚確定年代的、有關不殺生戒的官方文獻，因此值得稍做分析。不過，在此之前，我們得先了解一下當時印度社會——或者是其他的時代與地區——殺生的緣故是什麼。這裡的「殺生」指的是一般的生物，而不包括人類，因為導致人類互相殘殺的因素太過複雜。即使是像阿育王那樣身體力行地貫徹不殺生戒，在他的統治時期，死刑卻是照常執行的。阿育王曾在一份石刻裡提到，死刑執行前三日，「應准其家屬，向若干官員請求免予執行」。不過，准許與否的權限仍在這些官員手中，因此萬一不准，他也只能勸導：「如難獲准，則其親屬亦可向被執行死刑罪犯作種種慰藉，或給予食物，或絕食以求來世之歡愉」。死刑只是人類互相殘殺的一例，雖以阿育王那樣虔誠的信仰，挾以人君之威權，對此亦無法化解。

撇開無意中的殺生不談（譬如說不小心踩死昆蟲等等），一般而言，人類殺生的主要緣由有二：一、提供生計所需（所謂「厚生利用」），二、祭典用牲。打獵（也算是一種殺生）固然帶有娛樂性質，不過，古人的打獵基本上也還是為了上述的目的，雖然大規模的圍獵多半還附帶有軍事訓練的目的。將打獵視為一

種純粹的休閒娛樂與運動（如海明威在《旭日東昇》一書所描述的），應該是相當晚近的現象，而且基本上也侷限於西方中上層社會。

殺生既然兼具了實用與宗教性的意義，想要徹底根除自非易事。西元六世紀時，中國南朝的梁武帝（西元502–549年）篤信佛教，在位後不久即以身作則力行素食，且日僅一食。西元517年，梁武帝為了貫徹不殺生的信念，甚至下令宗廟祭祀皆不用牲，結果引起朝野譁然，以為宗廟不復血食。這裡我們可以看到，儘管也有大臣對梁武帝個人的素食不以為然，但是，除非客觀環境有其實際困難，否則素食與否終究是個人可以決定的事，宗教性的祭典就沒有這麼單純了。祭典的目的無非是崇拜神或取悅鬼神，雖說正心誠意是第一要件，儀式的正確與否，對於祭典的效力無疑還是極具關鍵性的；而供奉犧牲本來就是中國——不管是民間信仰還是國家宗教——祭典裡最為重要的儀式之一，梁武帝的貿然廢除引起朝野反彈自是理所當然。從這個角度我們也可以理解，儘管臺灣目前佛教信仰風行，在不殺生戒的影響下，一般人在理性上似乎也可以認同祭祀殺生——尤其是賽豬公的場合——的無意義，然而，宗教慣習的因素卻使得供桌上的犧牲終

究還是難逃一死。

阿育王在推動不殺生的政策時，其實也面臨同樣的困難，他既不能強制全國民眾盡皆吃素，也不敢公然抨擊或禁止所有祭典裡的用牲，尤其是婆羅門教的祭典。在第一份詔令裡，所謂「不得在此殺生」，應該是禁止在某個祭典場所——或許就是基娜的祭壇——的殺生祭祀，因為接下去〈石訓〉又說「每逢節日亦不得在此集會，蓋天所親王常見節日聚會，惡事屢生」，因此這份詔令想要禁止的應該是宗教性的殺生。可是碑文中並沒有明白禁止殺生祭祀，反而是舉自己廚房減少殺生的例子來說服民眾，而且還答應即使是目前每日尚在享用的三隻生物將來亦可得到赦免（倒有點類似孟子所說的「月攘一雞」的故事），這似乎卻又牽扯到了素食，儘管他也沒有清楚地提出要求。

第二份詔令倒是比較明確的提到：「四生之物不得食四生生命」，這是徹底的素食主義口吻，不過或許也僅止於口號式或規勸式的訓諭。因為儘管阿育王列出了一些禁止殺害的生物，可是對於人們真正食用的禽獸（所謂的「家禽、四足之獸」），他也僅只要求「如不能充食或作耕種之用者，亦應釋放而不得殺害」。然而正如我們前面提到的，除了宗教與生計目的的殺生

外，一般人其實很少會從事無意義的殺戮，因此，阿育王的這份令諭充其量也只不過是個具文罷了。

從上述的分析我們顯然可以看出，即使是到了阿育王的時代，宗教與實用性的殺生似乎還是相當普遍，這也是他所面臨的困境。儘管如此，阿育王對於不殺生戒顯然還是相當執著的，既然一時還無法全面性地禁屠，局部性地禁屠或保護總是可以嘗試推行的，這是詔令後半段出現一些強制性措施的緣故。詔令中同時也將此一政策與宗教性節日及保育觀念巧妙地配合起來。

這些法令到底收效如何，史無明言，大概也不甚樂觀，因為在次年的一份詔令中阿育王曾提到，他以兩種方式來推行「正法」，其一是依據正法作種種限制（亦即以強制性的法令），另外則是依據正法的道理而宏揚之（亦即以教化的方式）。結果前者收效有限，而後者則效果宏大。阿育王所舉的例子恰好就是上述有關禁止殺生的命令：

> 所謂依據正法作種種限制者，如若干動物不得隨時殺害，及其他種種限制。（〈德里柱訓〉）

《摩奴法論》

孔雀王朝在阿育王之後國勢日衰，他的政策是否能夠持續下去我們也不得而知。只是存在於古印度牲祭與不殺生、肉食與素食之間的矛盾，卻顯然還得不到一個根本的解決。這種尷尬的局面具體反映在印度最古老的法典《摩奴法論》中。《摩奴法論》裡無疑含有某些更古老的成分，不過，學界一般認為此書的編成不會早於西元前二世紀，因此，將之視為阿育王（西元前三世紀）與大乘佛教（西元一世紀前）之間思潮的一個代表性作品，似乎還不致引起太多的爭論。

首先，牲祭在宗教慣習裡所扮演的地位仍然是被充分強調的，《摩奴法論》第三頌裡有關婆羅門、剎帝利與吠陀等所謂再生族在居家期間的祭祀，即有如下詳盡規定：

什麼祭品依規則供過祖先之後長期有用，還有什麼永久有用，現在我將要全面講述：

用芝麻、稻子、大麥、豆子、水、根和果依規
則供過之後，人們的祖先滿足一個月；

用魚的肉，兩個月；用羚羊肉，三個月；用羊
肉，四個月；用鳥肉，五個月；

用小山羊肉，六個月；用梅花鹿肉，七個月；

用黑羚羊肉，八個月；用如如鹿肉，九個月；

用野豬肉和水牛肉，十個月；用兔肉和龜肉，
十一個月；

用牛奶和牛奶粥，整一年；用老山羊肉，則滿
足十二年。

迦羅夏迦菜、箭豬、犀牛肉和紅山羊肉永久有
用；還有林居者的食物。

在雨季磨伽宿主宰的第十三天，他所供的任何
拌蜜的東西也永久有用。

這些規定部分反映出沿襲自古印度畜牧時期的傳
統，牲祭（不管是飼養或捕獵而來的）在其中大致上
仍被賦與較高的價值。再者，由於祭祀過後的食品主
要是供給家人與賓客享用，因此，對當時的印度人而
言，牲祭與肉食實即二而一的事。

只是，《法論》的編纂者終究不能全然無視於不殺

生觀念在當時印度社會的強大影響力，因此不得不有某些相對應的妥協。《法論》第四頌的第十項即提到相對於「牲祭」的「素祭」，並肯定素祭的價值：

> 靠遺穀落穗為生而又一心事火者（即最尊貴的婆羅門），應該永遠只舉行朔日、望日、冬至和夏至的素祭。

然而，原本是三位一體的殺生、牲祭與肉食，在他們的巧妙安排下卻又被一分為二，分別成為「殺生與肉食」、「殺生與祭祀」兩組概念。在殺生與肉食一事上，《摩奴法論》做出了讓步，承認為食肉而殺生的不正當性，於是而有如下的一些戒律：

> 婆羅門不得吃無用的肉　（指非祭天神所剩的肉）。
>
> 肉，他可以在供過以後吃；或者按照婆羅門的意願，或在依規則受到邀請時，或者在生命垂危時。
>
> 無難時，知規則的再生人不得不依規則吃肉；因為，不依規則吃肉者，死後就身不由己地被

它們吃。

死後，為掙錢而殺牲者的罪過不會像白白地吃肉者的那樣大。

他寧可在必要時做一個酥油牲畜或者麵粉牲畜（素雞、素鴨），也絕不可在不必要時想要殺牲畜。

那牲畜身上有多少根毛，白白地殺它的人死後就一世又一世地被殺多少次。

誰不像惡魔那樣不顧規則地吃肉，誰就在世間得人心，而且不得病。

但是，在牲祭一事上，他們可就非常堅持了：

「為了祭祀吃肉」，這相傳是天神的規則；反其道而行之（為了吃肉而吃肉），則被稱為「羅剎的行徑」。

買來的、自得的（乞得或獵得的）、或者別人惠贈的肉，如果在供過天神和祖先以後吃，他就無過失。

但是，如果有人在依規則受到邀請之後不吃肉，他死後就二十一世成為牲畜。

未曾用咒語淨過的牲畜，婆羅門絕不可吃；而
已經用咒語淨過的，依永恆的規則，他必須吃。
牲畜被自在創造出來供祭祀，祭祀造福於萬物；
因此，祭祀中的殺為非殺。

草類、畜類、樹類、獸類和禽類為祭祀而得死
之後就得高升。

摩奴說，在獻蜜牛奶時，在祭祀時，在祭祖的
儀式上，只有在這些時候牲畜是應該被殺的。

為了這些目的殺牲畜，知吠陀之真義的再生人
就使自己和牲畜得最高的（輪迴）歸趣。

吠陀所規定的殺在這個動物和不動物的世界上
是永恆的，他必須視之為非殺；因為，法因吠
陀而得放光明。

首先要確立的原則就是「祭祀中的殺為非殺」。其次，
為了避免自亂陣腳（譬如說有些人由於殺生的緣故而
不肯食肉），特別強調凡是依規則祭祀過後的肉就一定
得吃。最後則是將「草類、樹類」與「畜類、獸類、
禽類」皆納入同一範疇，認為同樣有生死；因此，如
果說肉食即殺生，那麼素食又何嘗就不殺生。《摩奴法
論》裡提到：「如果一個吠陀論師在向眾生布施無畏（原

注：祭祀要殺牲、割草，使眾生畏懼；熄火、停止祭祀，則使眾生無畏）之後離家，光的世界就屬於他」。可見在某些情況下，動物與植物是同被納入「眾生」的範疇的。就此而言，《摩奴法論》所主張的「為祭祀而得死之後就得高升」的立場，倒是提供了一個解決之道。

《法論》的編纂者中當然也有人看出上述論點的矛盾之處，因此而出現比較徹底的不殺生的主張，並極力讚揚素食的功德：

> 什麼都不殺的人想到什麼、製造什麼、喜歡什麼，他就會毫不費力地得到什麼。
>
> 不殺生則絕不可能得到肉，殺生則不可能得天堂；因此，他必須忌肉。
>
> 一方面是肉的出現，一方面是生靈的被擒和被殺，經過慎重考慮，他必須忌食所有的肉。
>
> 如果一個人年年舉行（最神聖的）馬祭滿百年，另一個人則不吃肉，那麼這兩者的福果相等。
>
> 靠吃清淨的根和果，靠吃修道人的食物，一個人得不到通過忌肉所得到的果報。
>
> 「在這個世界上我吃它的肉，到那個世界上它

必將吃我」。智者們以此解釋肉之所以為肉。

只是相對的,堅持牲祭的一方卻也毫不客氣地訴諸「弱肉強食」的基本原則:

> 作為氣息的食物。生主造出這萬物;各種動物
> 和不動物都是氣息的食物。
> 不動物為動物之食,無牙者為有牙者之食,無
> 手者為有手者之食,膽小者為膽大者之食。
> 即使天天吃宜食的生類,食者也無過失;既然
> 創造主已經親自造出食者和宜食的生類。

大乘佛教

　　相較於《摩奴法論》對殺生和肉食此一問題的瞻前顧後與自相矛盾，大乘佛教的立場——至少就某些經典而言——似乎是要清楚一貫得多了。不過，此處我們得先澄清一下這些經典成立的年代問題。根據學界一般的理解，大乘經典的出現最早可上溯至西元前一世紀，然而，明白揭示出「禁止肉食」此一觀念的經典，例如《大般涅槃經》(《大乘涅槃經》)、《楞伽阿跋多羅寶經》(《楞伽經》)、《央掘魔羅經》、《一切智光明仙人慈心因緣不食肉經》、《佛醫經》、《象腋經》、《正法念處經》、《雜藏經》、《大雲經》與《寶雲經》等等，通常都被列為中期大乘佛教的作品，換言之，出現的年代不應早於西元三世紀中葉。

　　下面我們就以《大般涅槃經》、《楞伽阿跋多羅寶經》與《央掘魔羅經》為例來說明，這也是中國南朝梁武帝在禁斷僧伽酒肉時所引用的經文。

　　對於大乘佛教而言，要禁斷肉食就免不了得答覆

下述的這些問題：第一、律典中並沒有任何一條戒律是禁止食肉的，反之，在面對提婆達多的挑戰時，佛陀卻曾明白說過「三淨肉」可食。針對這樣的質疑，大乘經典首先提出「階段式制律」（隨事漸制）的說法：

> 迦葉又問：「如來為了什麼緣故，以前曾准許比丘食用三種淨肉？」「迦葉，這三種淨肉乃是隨著狀況的發展而有所改變」。……「善男子，不應認同那些耆那教徒的意見，如來所制定的一切禁戒各有其不同的時空環境的考量。因為不同的考量所以准許食用三種淨肉，因為不同的考量所以禁止食用十種肉，因為不同的考量所以禁止食用一切肉、包括自然死亡者。迦葉，我從今日開始約束所有的弟子，不得再食用一切肉類」。

或者根本就否認佛陀有此一說：

> 善男子，我涅槃後無數百年，四道聖人盡歸涅槃。正法滅後，到了像法時期會有一些比丘，表面上看來遵守戒律，卻是不讀經典，貪嗜飲

食，只懂得照顧自己的身體，身上穿著邋邋遢
遢，形容憔悴毫無威德可言。……這一些人，
破壞如來所制定的戒律，……各自隨意解說經
律，而有這樣的說法：如來准許我們食肉。偽
造這種言論，卻假託是如來所說，互相諍訟，
各自稱是沙門釋子。

　　其次的問題是（或者也是最根本的問題），為何不
能食肉？大乘佛教對此一問題的基本答案，其實也是
最原則性的立場，跟數百年前自提婆達多以降、乃至
耆那教、阿育王與《摩奴法論》裡堅持素食的理由並
無二致──肉食則必須殺生，有傷慈悲與不殺生的倫
理要求（大乘佛教的詞彙則是「傷大慈種」）。

　　然而，除了這個基本原則外，大乘經典也提出了
另外一些可視之為突破性的解釋。首先是引入了輪迴
觀念；亦即，如果輪迴確實存在，那麼任何人食肉即
有可能會吃到自己的親屬：

　　　佛陀告訴大慧：「有無數種因緣不應食肉，我現
　　在稍微為你解說一番：一切的眾生從原初開始，
　　由於因緣展轉常為六親的關係，從親緣的角度

著想，我們的確不應食肉」。

文殊師利問佛陀：「世尊，因為如來藏的緣故，諸佛都不吃肉嗎？」佛陀說：「沒錯，一切眾生不分生死，生生輪轉無非父母兄弟姊妹，猶如演藝者變易無常，自肉他肉都是同一塊肉，因此諸佛都不吃肉」。

這段經文清楚提到「因如來藏故，諸佛不食肉」。我們曉得上述那些明白禁止肉食的大乘經典，大致都可歸入所謂「如來藏」的範疇，而如來藏的核心觀念無疑就是《大般涅槃經・如來性品》所說的：「我者即是如來藏義，一切眾生悉有佛性，即是我義」。大乘佛教之所以禁止肉食，David Reugg 認為正是因為接受了「一切眾生悉有佛性」的這個前提，故「吃肉」即可能扼殺了某個眾生「成佛」的可能性，這是從大乘教義的內在理路來解釋。只是，這樣的論證固然有某種程度的說服力，卻也製造了另一項矛盾。根據輪迴之道，畜牲（牛羊豬雞等）受此一刀本其宿命所定，否則都當成寵物看待，那畜生道又有何惡趣可言？《摩奴法論》的編纂者顯然是看出了不殺生與輪迴之間的矛盾所在，因此才會提出：「草類、畜類、樹類、獸類和禽類

為祭祀而得死之後就得高升。……為了這些目的殺牲畜，知吠陀之真義的再生人就使自己和牲畜得最高的（輪迴）歸趣」等等折衷的解釋。

大乘佛教另一個具有創意的論點則是，矯正視魚肉為「美食」的傳統看法，而將之納入「不淨」的範疇：

> 迦葉菩薩又問佛陀：「為何如來稱讚魚肉為美食?」「善男子，我並沒有說魚肉之類為美食，我說甘蔗、粳米、石蜜、一切穀麥及黑石蜜、乳酪、酥油為美食。雖說僧侶應準備種種衣服，所準備的也必須是素色， 何況貪著於魚肉味道」。
>
> 迦葉，那些吃肉的人，不管是行、住、坐、臥，一切眾生聞到他吃的肉味都生出恐怖。……因此菩薩不習慣吃肉，為了濟度眾生表面上裝出吃肉的樣子，其實並沒有吃。
>
> 驢、騾、駱駝、狐、狗、牛、馬、人、獸等肉類，屠者雜賣，因此不應食肉。不淨氣味由此生長，因此不應食肉。眾生聞到氣味都生出恐怖，如栴陀羅及譚婆等，狗遇見了會憎惡驚怖

群吠，因此不應食肉。又會使修行者慈悲心不生，因此不應食肉。凡是愚人所嗜好的臭穢不淨，沒有好名聲，因此不應食肉。使得各種咒術不成功，因此不應食肉。……那些吃肉的人為諸天神所棄，因此不應食肉。會有口臭，因此不應食肉。多作惡夢，因此不應食肉。

大乘佛教提出的這些解釋，尤其是有關肉食為「不淨」的說法，究竟是它的獨得之見，或只是簡單反映出當時印度社會一般人的共識，我們已無法深究。理論上，像印度如此一個注重潔淨與不淨之對立的社會，肉食被視為「不淨」似乎該是天經地義的——肉食即等於吃屍體，其之為不淨不言可喻。問題是，如果這已是一個普遍流行於當時印度社會的觀念，那麼在《摩奴法論》裡就不該絲毫無跡可尋，至少會在上述有關肉食的討論中援引此一觀念來支持或加以辯駁。

為何大乘佛教會對肉食一事如此介意？佛陀提到「三淨肉」是在針對提婆達多質疑的場合，這是佛教史上頭等大事，不可能偽造；再說，翻遍世代相傳的律典，的確也找不到任何一條禁止肉食的戒律。這點不管大乘經典如何詭辯，還是難以自圓其說的。因此，

大乘佛教之所以要刻意突出素食的訴求，顯然還有其他現實因素的考量。

就客觀環境而言，自從阿育王將不殺生與素食的概念聯繫起來後，素食在印度社會的價值觀裡顯然有漸居上風的趨勢，這點從《摩奴法論》必須大費唇舌討論此一問題即可得知。除此之外，者那教的影響或許也不可忽視，雖然我們對此實際上的了解並不多。在這些外在環境的壓力下，大乘佛教會重新思考此一問題毋寧說是頗為自然的。不過，更重要的一個客觀因素是，大乘佛教實際上是個新興宗教，傳統的包袱較少（譬如說，可以修正或否定佛陀有關「淨肉」的說法），再加上當時它的主要競爭對手是小乘教派，同門鬩牆總得有個新的標幟，否則如何區別？又要如何來吸引信徒？因此，雖說「不食肉魚」也是當年提婆達多想要爭奪教團領導權時的主要訴求之一，大乘佛教還是毫不猶豫就採用了。

除此之外，前面我們曾經提到過，佛陀當年之所以拒絕提婆達多素食的要求，最重要的原因之一就是他與弟子們基本上皆賴托缽為生，堅持素食不管是對自己或是對施主都不免要增加許多的不便。然而，等到大乘佛教興起時，佛教存在於印度社會已有數百年，

在眾多王公貴族的扶持下，僧院領主制（擁有大量田
產的寺院）已成為當時教團維持生計的主要方式，律
典中對此一現象亦有具體的反映。換言之，當時的僧
侶已習慣在寺院中自行料理飲食。在此情況下，佛陀
當年所要顧慮的托缽乞食的問題自然是大幅度地減少
了；反之，既然僧侶的飲食基本上皆由寺院自理，如
果還要維持淨肉的習慣，就不免有「故殺」之嫌了。

另一方面，儘管托缽已非僧侶維持生計的必要方
式，作為一種修行的法門則顯然還有其重要性。因此，
大乘經典除了不忘提醒施主「食肉之人不應施肉」之
外，亦教導僧眾萬一乞得肉食時的應對之道：

> 爾時，迦葉又問佛陀：「世尊，諸比丘、比丘尼、
> 優婆塞、優婆夷依靠他人而活，若乞食時得雜
> 肉食，如何吃才符合清淨法?」佛陀言：「迦葉，
> 應當以水洗使肉分離出來，然後才吃。如果食
> 器為肉所污染，只要沒有味道，聽用無罪。如
> 果看到食物中有很多肉，則不應該接受。一切
> 肉類都不應該吃，食者得罪。我現在宣導禁斷
> 肉食的規定」。

　　大乘佛教對素食的這份堅持究竟有無成效？由於
史料缺乏，兼且自十一世紀起，整個佛教——由於回
教徒的持續入侵——已完全消失於印度大陸之上，細
節自是無從得知。不過，若就中國中古時期西行求法
僧人的記載看來，所謂的「三淨肉」似乎已為印度和
中亞一帶的小乘教派所獨享的了。

　　　　阿耆尼國（即焉耆）。……伽藍十餘所，僧徒二
　　　　千餘人，學習小乘教說一切有部，經教律儀，
　　　　都遵守印度所傳，……戒行律儀，潔清勤勵，
　　　　只是食物雜有三淨肉，這是受到小乘教義的束
　　　　縛。
　　　　屈支國。……伽藍百餘所，僧徒五千餘人，學
　　　　習小乘教說一切有部，經教律儀，取法於印度，
　　　　……尚拘泥於小乘教義，食物雜有三淨肉。
　　　　摩揭陀國（下）：因陀羅勢羅窶訶山，東峰寺院
　　　　前有塔，名稱為「宣娑」（即中文的「雁」，「雁
　　　　塔」之名由此而來）。從前這個寺院學習小乘教
　　　　義，小乘乃是漸教，准許食用三淨肉，因此這
　　　　個寺院即遵照此一傳統。後來三淨肉不太容易
　　　　得到，有一天一個僧人正在經行，忽然看到群

雁飛翔，遂開玩笑道：「今日眾僧食物不足，菩薩們應該知道怎麼做。」話猶未已，一雁倒飛，就在這個僧人面前墜地自殺。僧人見了，報告眾僧，大家都十分感動，相互說道：「如來制定戒律，隨機引導；我們卻抱殘守缺，遵行小乘教義。大乘才是正理，應該更正原先的執著，一切遵照佛陀的指示。這隻大雁以身作則，實在是我們最好的導師，應該記念它的大恩大德，永世銘記」。於是建塔表揚，將那隻大雁葬於塔下。

這段「雁自殺以充僧食」的傳說是否屬實，姑且不論。不過，從這段記載亦可得知當時僧院已自行供食，肉食與淨肉之間的矛盾宣告表面化，大乘的主張遂逐漸取得上風。

小乘僧人不理會素食一事，這點倒是不足為奇，因為截至目前為止，流傳於東南亞一帶的小乘佛教依然是不忌肉食的。反過來說，我們可以相信當時此處的大乘僧團確實已走上完全素食的途徑，否則玄奘就沒有立場要特別挑明此事。不過，對此我們仍有一絲絲的疑惑，因為翻遍幾部被視為大乘佛教的律典，例

如《梵網經》、《瑜珈戒經》與《優婆塞戒經》等等，除了《梵網經》明白將禁止肉食列入戒律之中（「四十八輕垢」的第三項）：

> 如果佛教信徒故意吃肉：一切肉類都不能吃，因為會斷了大慈悲種，一切眾生見了自然會捨他而去。因此所有的菩薩都不得吃一切眾生的肉，吃肉得無量罪。如果故意吃肉，犯輕垢罪。

其他律典則皆隻字未提。而眾所周知，《梵網經》其實是劉宋末年中國人所製作的，並不能據之以反映印度的現象。可惜的是，大乘佛教在今天的印度及中亞皆已絕跡，否則我們或許還可從中尋得些許蛛絲馬跡。

　　然而，在肉食這個問題上，大乘佛教在印度所面臨的壓力，小乘教派應該也同樣感受，為何仍能夷然不以為意？關於這點，我們並沒有直接的答案，不過，唐代求法僧義淨（西元635–713年）的記載或許可以提供一些間接的線索。在談論到印度僧伽接受施主齋供的食物時，義淨首先就明白地引用律典將肉類列為「五正食」之一：

律典上說：一半是「蒲膳尼」，一半是「珂但尼」。「蒲膳尼」意指「含噉」，「珂但尼」則指「咬嚼」。「半」即「五」也。半者蒲膳尼，應譯為「五噉食」，以前譯為「五正」，是意譯，一飯、二麥豆飯、三麨、四肉、五餅。半者珂但尼，應譯為「五嚼食」，一根、二莖、三葉、四花、五果。

而從《大唐西域求法高僧傳》的一段故事裡，我們則可看到小乘僧人對此問題的正面答覆：

還有一個僧人到縛渴羅國，在新寺小乘教師處出家，名質多跋摩。後將受具足戒而不食用三淨肉，師曰：「如來大師親自開列『五正』，既然食肉無罪，為何不吃？」對曰：「各大乘經典都有規定，這是舊習不能更改。」師曰：「我是根據三藏經典律有明文，你所說的我可不懂，如果還是堅持己見，那麼就別找我當老師。」遂勉強他吃肉，這個僧人只好哭泣進食，師父才為他授具足戒。

對於將「肉食」與「殺生」混為一談，義淨在《南海寄歸內法傳》裡也有反駁的意見，大致上亦可視為印度小乘教派的立場：

> 凡是討論到殺生，先得看是否故意，斬斷他的命根才造成業過，如果不是故意，佛陀認為是無罪的。所謂三種淨肉的規定，主要目的是在預防，就算違反也只是小小的過失，有無殺心才是關鍵所在。……何況這是佛陀自己金口所言，那用得到我們自己去穿鑿附會。

我們曉得，素食在當時中國的佛教教團裡已取得絕對正統的地位，義淨入僧門後所受的教育自不應背離此一傳統。因此，他會對「肉食即殺生」這條中國僧侶視為天經地義的命題提出辯駁，想來應當是他到印度求法之後從小乘僧人那兒得來的靈感。

附帶提一下，由於大乘佛教禁止肉食的立場是奠基於對不殺生戒的堅持，然而古代印度觀念裡也有認為草木之屬是有生命的，因此，素食何嘗就不殺生？反對派的人士自然可以如此質疑。問題是，這可就動搖到素食觀念的根本基礎，大乘當然要極力辯駁，《大

般涅槃經‧如來性品》只好明白宣示:「草木之屬皆有壽命，……若有經律作是說者，當知即是魔之所說」。這該算是標準的扣帽子行徑了，只是大乘佛教總不能讓其信徒連青菜都沒得吃罷，相權之下，這似乎仍不失為一個（雖然有點無奈）有效的解決之道。

肉　食
——美食或不淨?

　　這裡，我們要探討的問題是：肉類為何會成為一種——至少對某些身分的人而言——禁忌食物？

　　每個民族或多或少大概都有一些食物會被列為禁忌，導致某類食物成為禁忌的因素有下列幾項：一、在律法中被列為不淨的（永久性）；二、暫時性的成為禁忌（守喪、齋戒期間）；三、因接觸而導致的不淨。

　　第一，某些食物在該民族的律法裡被列為「不淨」，因此永遠不可食用。這類的事例甚多，最出名的大概要屬猶太人的《聖經》所揭示的：

　　　耶和華對摩西、亞倫說：「你們曉諭以色列人說，在地上一切走獸中可吃的乃是這些：凡蹄分兩辦、倒嚼的走獸，你們都可以吃。但那倒嚼或分蹄之中不可吃的乃是：駱駝，因為倒嚼不分蹄，就與你們不潔淨；……豬，因為蹄分兩辦

卻不倒嚼，就與你們不潔淨。這些獸的肉，你
們不可吃，死的，你們不可摸，都與你們不潔
淨。

水中可吃的乃是這些：凡在水裡、海裡、河裡、
有翅有鱗的，都可以吃。凡在海裡、河裡，並
一切水裡游動的活物，無翅無鱗的，你們都當
以為可憎。

凡有翅膀用四足爬行的物，你們都當以為可憎。

......

我是把你們從埃及地領出來的耶和華，要作你
們的神；所以你們要聖潔，因為我是聖潔的。
這是走獸、飛鳥，和水中游動的活物，並地上
爬物的條例。要把潔淨的和不潔淨的，可吃的
與不可吃的活物，都分別出來」。(《聖經‧舊約
‧利未記》，11)

不可吃血，因為血是生命；不可將血（原文是
生命）與肉同吃。不可吃血，要倒在地上，如
同倒水一樣。(《聖經‧舊約‧申命記》，12)

古埃及沒有流傳下類似《聖經》如此詳細的資料，不
過，在一篇第六王朝時期（西元前2345–2181年）的墓

誌銘裡倒是提到「魚」為不淨之物:

> 所有不潔淨的人,那是說,如果他們吃了魚——
> 一個榮耀的靈魂所憎惡的東西,如果他們進入
> 此墓,他們之對我不潔就如同對一個為他的神
> 所讚美的榮耀的靈魂之不潔一樣。

魚之所以為不淨,可能因為魚肉容易腐敗生味,正如
兩河流域的人在舉行宗教儀式時不能吃魚、蒜、韭菜,
因為這些東西容易造成口臭,對神不敬。不過,我們
還搞不清楚,對古埃及人而言,魚是否永久性不淨,
還是只有在入墓參拜時才被列為禁忌。

古印度的《摩奴法論》也有類似的食物禁忌:

> 蒜、韭、蔥、菌類和各種出自不淨物的東西都
> 不宜為再生人所食。
> 白做的(指未經上供的)芝麻飯、酥油芝麻糖、
> 奶粥、麵糕、未用以上供的肉、天神食、燒供
> 品。
> 產後未出十天的牛、駱駝、獨趾蹄牲畜和羊的
> 奶、交尾期母牛的奶、不餵牛犢的母牛的奶、

水牛之外的一切野獸的奶、人奶和一切變酸的東西都應該禁忌。

他應該忌各種食肉鳥,還有棲息在村落裡的鳥、非特許的獨趾蹄牲畜、沙雞、迦羅頻迦雀、波勒婆鴨、恆沙鵝、遮迦羅婆迦鴨、村雞、……村豬和各種魚。

誰吃其中某一個的肉,誰就被稱為「食某肉者」;吃魚的人為「無肉不食者」,所以他必須忌魚。

他不得吃單獨活動的或者不認識的禽和獸,即使已被列入宜食的之內;……還有駱駝以外的單排牙的(指牛、羊和鹿)。

故意吃菌類、村豬、蒜、村雞、蔥或者韭的再生人喪失種姓。無意地吃這六種東西以後,他必須修溫難贖罪苦行,或者修遁世者贖罪苦行;其餘的,他必須絕食一天。婆羅門必須每年修一次難贖罪苦行,以贖無意的吃;故意的,則修特殊的。

玄奘在《大唐西域記》亦有關於這方面的記載:

印度總述·物產:……蔬菜則有薑、芥、瓜、

瓩、蓽陀菜等,蔥、蒜雖少,食用者亦少,家有食用者,驅逐出城。至於乳、酪、膏、酥、沙糖、石蜜、芥子油、諸餅麵,常所食用也。魚、羊、獐、鹿,亦為時常食用的。牛、驢、象、馬、豕、犬、狐、狼、獅子、猴、猿,凡是這些獸類,照例是不吃的,食用者為眾人所嫌惡,逐出城外。

為何會有這樣的食物禁忌?《聖經》雖然給了幾個判別的標準,例如「蹄分兩瓣、倒嚼的」(陸上),「有翅有鱗的」(水裡)都可食,然而為何不在這些範疇內的就會「與你們不潔淨」?律法並沒有進一步的交代,或許耶和華也不認為他的誡命有再做解釋的必要。歷來西方學者亦曾對這些食物禁忌做出解釋,舉凡衛生、戒律、專斷等等各式各樣的理由都有人提出過。人類學者Mary Douglas在*Purity and Danger*一書中則認為:這些食物無法完美地分類,因此是不完整 —— 也就是不聖潔的。只是,不管是什麼樣的解釋,真相到底如何,大概還是只有耶和華才能說個清楚。

《摩奴法論》則連這樣的判準都付之闕如,至少是更為模糊。它的編纂者在點名一連串不可食用的鳥

類後，加了個注解：「為何是這些鳥，必須請教精通《鳥論》者」，算是推得一乾二淨。

其次，某些食物雖然並非「不淨」（其實在大多數情況下或許都可算得上是「美食」），然而由於一些宗教性的緣故，而暫時性地被視為「禁忌食物」。最通常的就是死亡禁忌，亦即在為親人守喪期間必須遠離女色、音樂、美服、美食與酒。換言之，即克制自己的欲望，不去享用一切美好事物。至於為何得要如此？學界解釋見仁見智，避免引起亡魂的妒忌與憤怒，或許是個比較一般性的說法。以印度社會為例，根據《摩奴法論》的規定：

> 未受剃髮禮的人死後，（親族）相傳以一夜得清淨；受過剃髮禮的人死後，規定以三天得清淨。在三天之內，他們應該吃無鹽食，應該沐浴，應該忌肉食，應該各自在地上睡覺。

傳統中國的喪禮儀式，若以經典所論為準，則其繁複的程度亦非同小可。單就本文所論列之死亡禁忌而言，也有下列一些有關飲食男女的基本規定：

> 斬衰三日不食；齊衰二日不食；大功三頓不食；
> 小功、緦麻兩頓；士人參與收斂者，則壹頓不
> 食。故父母之喪，出殯之後食粥，……；齊衰
> 之喪，素食飲水，不吃菜果；……這是守喪致
> 哀表現在飲食方面的規定。
> 除喪之後才可近女色，吉祭之後才可回到自己
> 寢室。

簡而言之，如果嚴格按照中國古禮來實踐，則守喪一
年後才准食菜果，兩年後才可食肉飲酒，比起《摩奴
法論》的規定是要嚴格多了。即使沒有服喪義務的人
或弔祭者，也要遵守類似的禁忌，只是期間較為短暫：

> 大夫弔，……當日不聽音樂。……弔祭之日，
> 不飲酒食肉。
> 君主對於卿大夫之喪，下葬之日不食肉。

生病或其他特殊情況下，這些禁忌當然可以網開一面，
《禮記》中也有不少這類的討論。只是，在正常情況
下，這些禮法卻是必須被遵守的。西元前74年，西漢
權相霍光等人決定要廢昌邑王劉賀時，所宣布的罪狀

之一即為「居喪不守禮」（肉食及近女色）：

> 孝昭皇帝英年早逝，無繼承人，臣（楊）敞等
> 人商議，禮曰「為人後者為之子也」，昌邑王適
> 合繼承，朝廷遂派遣宗正、大鴻臚、光祿大夫
> 奉節召喚昌邑王（劉賀）來主持喪事，服斬縗。
> 然而劉賀無悲哀之心，廢禮誼，赴京路途上不
> 素食，使從官搶奪女子載在車上，藏在所居住
> 的旅館。至京城謁見皇太后，立為皇太子後，
> 又常私下買雞豬來吃。

東漢戴良與魏晉阮籍等人，居喪時皆肉食飲酒，雖說
有其特殊之時代背景，在當時、甚至後代人眼中卻也
都被視為「不守禮法」的代表性人物。

除了居喪時的飲食禁忌外，有時為了表現出自己
的虔敬以達成某種宗教性的目的，修行者也必須避免
一切美好事物的誘惑。我們曉得，印度再生族的四生
命期有所謂的「梵行期」與「林居期」，同屬離家過宗
教生活的階段，因此，他們的禁忌（包括飲食在內）
較居家者就要嚴格多了。根據《摩奴法論》：

他（梵行者）應該忌蜂蜜、肉食、香料、花環、
調味汁、女子、各種發酵的東西（酒?）、殺生。
他（林居者）必須忌蜜、肉、牛舌菜、菌類、
香菜、希格魯格樹汁和希萊什馬德格果子。
他（林居者）不得吃耕種出來的東西，即使它
已經被某人扔掉；他也不得吃村落裡開的花和
結的果，即使他出於無奈。

除此之外，居家者在舉行某些重要的祭祀時，也會被
要求遵守一些禁忌：

（行蘇摩祭時），祭主夫妻在祭場立苦行處，在
祭前三日、四日、十二日乃至一年間（諸經意
見不一），當修苦行。所謂「第庫夏」者是也。
在此期間必須剃鬚髮、剪爪、禁欲、禁足，行
諸種苦行，愈嚴峻愈有效果，以氣息奄奄，為
苦行之極致。
執行大祭時，……祭主自身，在祭之前後，亦
必淨潔身心，修種種苦行，是為最要條件之一。
苦行之方法，各祭典稍有不同，總以平靜其心、
避身體裝飾、禁酒肉、絕男女之情交為通則；

有時以無言、不眠、斷食為必要。

與中國人的齋戒亦有相通之處：

> 齋戒沐浴的時候一定有浴衣，用布做的。齋戒
> 的時候，一定改變平常的飲食（不飲酒、不茹
> 葷）。（《論語‧鄉黨》）
>
> 齋戒的時候，一定改變平常的飲食，去其葷膻
> 也。（《禮記外傳》）

碰到凶年，當政者亦得節制自己的享受：

> 歲凶，穀物沒有收成。君主用餐時不殺牲，……
> 祭祀時不奏樂。大夫不食用精美的米穀。士人
> 可飲酒但不許作樂。（《禮記‧曲禮下》）

歷史上的實例也不少，王莽大概是最有名的（或許是
深受陰陽災異之說的影響）：

> 每遇到水旱災，（王）莽就素食，左右隨從報告
> 太后。太后派遣使者詔（王）莽曰：「聽說您又

素食，憂民深矣。今年秋季穀物收成還不錯，您勤於職事，還請偶爾食用肉類，為國家愛惜身體」。(《漢書・王莽傳》)

南北朝時佛教引入中國的八關齋，也有類似的作用。所謂八關齋是指每個月的若干日子（齋日），俗家信徒得在出家僧侶的指導下，一日一夜間遵行下列的八項戒律：

一、不殺生；二、不偷盜；三、不淫；四、不妄語；五、不飲酒；六、不以華鬘裝飾自身，不歌舞觀聽；七、不坐臥高廣華麗床座；八、不非時食（過午不食）。

而發生在劉宋時期的一個小故事也可證明當時對八關齋的態度是頗為認真的：

孝建元年（西元454年），世祖（孝武帝）率領群臣在中興寺行八關齋，中餐結束後，袁粲又私下與黃門郎張淹食用魚肉，尚書令何尚之奉法嚴謹，遂報告世祖，世祖使御史中丞王謙之

彈劾，兩人都免官。（《宋書‧袁粲傳》）

其實這個儀式的目的也就是在一段時間內（暫時性的）要求這些信徒有意地避免或拒斥世俗的享受。一直到今天的臺灣，一些鄉里在醮祭時，還會規定整個地區的民眾在醮祭期間一律吃素。例如1996年12月筆者曾參訪南投縣埔里鎮每逢十二年一次的大醮，祭典前一週（自十二月七日夜間十一時至十二月十三日上午十一時），全鎮居民齋戒素食，附近的佛寺則紛紛至鎮內設置食堂，提供素食，同時下令封山禁水，三天不准打獵捕魚（自十二月七日夜間十一時至十二月十日夜間十一時）。類似的禮俗或許都可由此角度來理解。

第三，某些食物的本質雖然是「潔淨」的，然而由於接觸的緣故，使得它對某些人成為不淨或禁忌，印度和玻里尼西亞可說是這類型食物禁忌最典型的兩個例子。只是彼此還有些基本上的差異。

我們曉得，玻里尼西亞部落社會非常強調酋長的權威和社會階層，在此情況下，高階者即等同於神聖者，因此部落酋長本人成為禁忌，而一般人若與具有重大禁忌的人接觸的話，立刻會導致危險性的後果；譬如說，吃了酋長本人所吃剩的食物即會致命。解決

的辦法則是：禁忌者由別人餵東西給他吃，他的手不能碰食物。

　　反之，高階者在印度是潔淨的，婆羅門的位階最高，因而處於最易受害的地位，很容易就被低階者所污染，因為愈潔淨者（或事物）愈容易受污染，而潔淨者在面對不潔者之時是毫無防範力量的。因此，婆羅門用餐時除了必須本身潔淨（先裸體洗過澡）外，還得避免發生任何不潔的接觸：自己一個人或是少數幾個人，在廚房中潔淨的角落或房子中靠近廚房且不會受人打擾的地方進食；任何意想不到的接觸，不只是和低種姓的人（有時連後者的影子也不行）或和動物，即使是和家族中的其他人（尚未為進食而淨身的女人、小孩、男人），都會使食物不適於食用，在最極端的情況下，甚至只要這些人的一瞥，就足以使食物不淨。其實，早在《摩奴法論》的時代，就已有如下的規定：「旃陀羅（賤民）、豬、雞、狗、行經（期）婦女和不能人道者不可看眾婆羅門吃；……燒供時、布施時、請吃時、天神祭時和祖祭時，任何東西只要被他們看見，效果就相反」。

　　現在我們暫且撇開最後一項的食物禁忌不論，因為它跟肉類本身是否被視為不淨並無直接關聯。我們

現在要問的是：肉食原本就是「不淨」的嗎？雖然這是目前印度社會普遍接受的觀念。

事實並非如此，至少一直到我們所引用的《摩奴法論》編纂的時代，並非所有的肉類都像「蒜、韭、蔥、菌類」等等一樣被列為本質上不淨的食物。反之，在祭祀祖先的場合，某些肉類卻被列為具有特別功德價值的食物；在守喪期或宗教修行的場合裡，肉類更與「蜂蜜、香料、花環、調味汁、女子」等等——一些會產生誘惑力量的美好事物——一視同仁地被列為禁忌，因為擔心在這段期間若是放縱自己的享受，恐怕會妨礙修行、或者引起亡魂的不悅。

在《摩奴法論》之前，肉類因為難得，價值只怕更是居高難下，譬如說，尊貴的客人被稱為goghna（殺牛者，因為必須殺牛來款待這類客人），這還是在《家庭經》與《法經》的時代，亦即西元前六世紀至前二世紀。原始佛教的律典也將魚肉列為「美食」之一，根據律典所載，佛陀弟子跋難陀在某次乞食時，向施主乞求魚肉等食物，佛陀知道後，即集合弟子：

> 世尊以無數方便呵責跋難陀釋子以後，告訴諸比丘：「跋難陀是個癡人，多種有漏處最初犯戒，

從今以後與比丘結戒,……欲說戒者當如此說:
如果有乳酪、魚及肉如此這般的美食,如果比
丘為自己索取如此這般的美食,食用者犯波逸
提」。

出家正是為了捨棄世間一切美好事物的享受,怎可在
托缽時刻意要求美食,這是佛陀制定此一戒律的緣由。
除非是施主主動提供,律典上也有記載:佛陀在舍衛
國,諸比丘入舍衛城乞食,碰到檀越施捨種種好食,
有乳酪、生酥、熟酥、油、蜜、魚、肉脯等等,諸比
丘不敢要,懷疑是否故意要求美食?遂稟告佛陀,佛
陀的答覆是:「不乞而得,應受」。不過,僧人要是有
病的話,為了治病所需倒是可以網開一面,佛陀因此
而有下列的調整:

當時有些生病的比丘,聽到佛陀所制定的戒律
都害怕違反而不敢乞美食,不敢為病比丘乞,
乞得美食也不敢吃。佛陀說:「從今以後准許病
比丘乞美食,亦准許其他比丘為病比丘乞,乞
得聽食之。從今以後這條戒律應當如此說: 如
果乞得美好飲食如乳酪、魚及肉,如果比丘得

到如此美食，無病而為自身索取者犯波逸提。
……美食者，乳酪、魚及肉」。

不管戒律如何修訂，魚肉被列為美食總是個不爭的事
實。這也就難怪當大乘經典要設法將肉食納入「不淨」
的範疇時，不得不先針對原始律典裡「魚肉為美食」
的說法提出辯駁，即使明知作偽也在所不惜。然而，
魚肉為「美食」的觀念或許是太普遍了，大乘佛教在
自己的經典裡也不免留下了個小小的破綻：

> 上座迦葉，捨棄種種甘美之食，捨棄肉食，受
> 持修行不食肉法。
> 食肉的話，空閑林中虎狼會聞到香味，故不應
> 食肉。會讓比丘飲食無節制，故不應食肉。會
> 讓修行者不生厭離世間的想法，故不應食肉。

第一段明白說迦葉捨棄肉食，即捨棄種種甘美之食。
第二段則更有意思，如果真的不是「美食」的話，又
何必怕僧侶會「飲食無節制」、「不生厭離世間的想法」？
那麼，是否在大乘佛教的大力鼓吹之下，印度社
會才逐漸接受了肉食為不淨的觀念？就目前掌握的資

料而言，這點尚難以答覆。我們所能說明的只是，肉食從傳統美食的一種，一直到最後轉變成不淨的食物，其間的過程是相當複雜曲折的。不殺生的觀念固然可說是個根本的動因，但其影響，如就本文的敘述看來，似乎也只能算是間接的。

其次是，其他在《摩奴法論》──甚至《聖經》──裡被列為不淨的食物，是否也有類似的一個演變過程，這倒是個頗值玩味的問題。可惜由於史料的不足，本文只能針對肉食的問題，提出上述一點粗淺的意見。

潔淨與身分

不管怎麼說，素食在今天的印度社會確實已普遍被視為一種較潔淨與較高尚的生活方式。究竟是如何發展到這個地步，其間的詳細過程我們已不得而知。不過，至少在中古時期，印度和深受印度文化影響的中亞一帶，素食（或說不殺生）風氣之盛，的確已令當時中國西行求法僧人留下深刻的印象：

> 神龜二年（西元519年）七月二十九日抵達朱駒波國（今葉爾羌西南），人民山居，五穀甚豐，食物以麵麥為主，不屠殺牲畜，食肉者只食用自然死亡的獸肉，風俗言音與于闐相似，文字與婆羅門同。其國疆界可五日行遍。（《洛陽伽藍記校注》）
>
> 十二月初抵達烏場國（今巴基斯坦Svat河流域一帶），……國王精進，菜食長齋，晨夜禮佛。……日中以後，始治國事，犯死罪者並不處死，

只是將他流放深山，任其自生自滅。(《洛陽伽藍記校注》)

(戒日王)今五印度不得吃肉，若斷生命，有誅無赦。(《大唐西域記‧羯若鞠闍國》)

從此以南名為中國(印度)。……國王治理不用刑斬。……舉國人民都不殺生，不飲酒不食蔥蒜，只有旃荼羅(賤民)才食用。……國中不養豬雞不賣生口，市場上沒有屠店及賣酒的，交易則用貝齒，只有旃荼羅、漁獵師才賣肉。

(《大正新修大藏經‧高僧法顯傳》)

五天竺國法，沒有枷棒牢獄，有罪者，根據輕重罰錢，沒有其他的刑戮。上至國王，下及平民，不見有遊獵放鷹走犬等事。……民風善良，不愛殺戮，街市店間，不見有屠行賣肉之處。

(《大正新修大藏經‧遊方記抄》)

義淨在《南海寄歸內法傳》裡也同意：「俗人之流羶腥尚寡」。

這些記載當然免不了有誇大之處，不管是過去還是現在的印度，食用肉類的絕對不僅限於旃荼羅一類的賤民。根據杜蒙的調查，剎帝利(貴族武士)傳統

上就一直是肉食者，就算是婆羅門，情況也並不全然一致：有的婆羅門不吃肉但吃魚（孟加拉），甚至有的有時也吃肉，但絕對不吃蛋（北部邦東區）；如果某個地區裡面素食者與婆羅門之間的競爭並不明顯的話，或者是有些婆羅門自己已接受某種比較低下的地位的話，他們就會吃肉。不過，素食在印度終究還是取得了全面的優勢，只有「徹底素食的婆羅門」才會被承認為「最尊貴的婆羅門」。

最後，或許也是最重要的一點是，肉食雖然在印度社會普遍被視為不淨，但正如杜蒙一再強調的，「潔淨」與「不淨」的觀念在印度社會裡，除了帶有宗教性的意涵外，骨子裡其實還是一個「身分」的問題——由於在印度的意識形態裡，潔淨程度的差別乃身分高低的基礎，因此而直接或間接的造成素食優於肉食的想法，使素食成為潔淨的象徵，而肉食則變成代表不淨。從古代「尊貴的客人」（殺牛者、肉食者）到後來「尊貴的婆羅門」（素食者），在食物內容的轉變上，我們看到此一概念的具體呈現。當然，它的前提則是，「素食比肉食更為潔淨」的觀念必須為印度社會所普遍承認，雖然這並不就表示所有的人都必然會採取素食的生活樣式(Lebensführung)——那些原本就屬於某

個不得不採取此種生活樣式的「身分團體」的人（最尊貴的婆羅門），自然是個例外。

素食與中國佛教

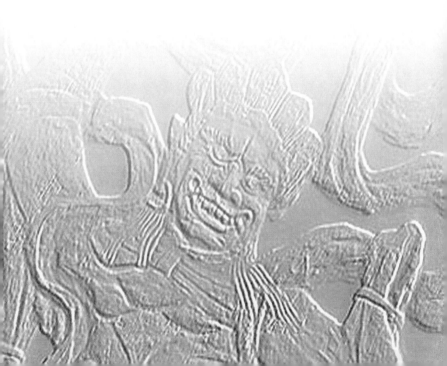

肉食者鄙?

　　在前一篇，筆者曾提到過，肉食對古代中國人而言算是「美食」，實際上也是較為珍貴的食物，最直接的一個證據莫過於《論語》裡的一段記載：

> 孔子在齊國聽到韶的樂章，有三個月之久嚐不出肉味，於是道：「想不到音樂竟美妙至這種境界」。（《論語・述而第七》）

以「肉味」比擬音樂之美妙，肉食在當時中國人心目中的地位可想而知。此外，印度社會雖然崇尚素食，然而，除了大乘佛教此一系統外，印度佛教僧侶基本上並不忌諱肉食——只要是「淨肉」即可。因此，從印度傳入中國的佛教會轉變成一個如此堅持素食的宗教，顯然是件饒富趣味的事。

　　我們首先要答覆的一個問題是：中國人原先對素食（蔬食、菜食）是抱持怎樣的一種態度？在前一篇

裡，筆者曾經提到中國人在居喪與齋戒的場合裡，是有素食的規定；此外，遇到饑荒時，統治者往往也會以素食的方式來表示對享受的暫時節制。因此，素食對古代中國人而言，幾乎就是「粗食」的同義詞：

> 孔子說：「吃粗糧喝冷水，彎著胳臂當枕頭，也有著樂趣」。（《論語集注・述而第七》）
>
> 丞相史說：「再也沒有比以天下一國來奉養雙親更為孝順的了，其次則是以薪俸來奉養，最不濟的是以勞力。因此王公人君，可以算是最孝順的，卿大夫則是其次。以一家人來說，如果有個好兒子得意於當世，父母親就可以住在豪華名宅，出門有安車大馬，衣著又輕又暖，吃的是山珍海味。兒子不成材的話，父母穿的是粗衣皮冠，住的是陋巷，吃了早餐還不知晚餐的著落，食物是蔬菜粗糧，大祭時才見得到肉。雙親的肚子又不是塘圍，只有菜可以裝。像蔬菜粗糧那樣的食物，連乞丐都不要，兒子卻拿來孝養雙親，……」。（《鹽鐵論校注・卷五・二十五孝養》）

漢魏時期史書中所見「布衣蔬（素）食」一詞，若非形容某人貧困，否則即描述其生活節儉：

> （東漢安帝）永初中，長安一帶遭到羌人威脅，（竇）章避難東方，住在外黃。家貧，草屋蔬食，躬勤孝養，然而仍講讀不輟。（《後漢書‧竇章》）
>
> （費）禕別傳說：禕個性謙虛恬淡，家不積財。要兒子布衣素食，出入也沒有車騎跟隨，與一般人無異。（《三國志‧蜀書‧費禕》）

此外，當然也有因為守喪時特別延長蔬食布衣的期間，從而博得留名青史的機會，只是服喪而蔬食本即中國古來禮法，這樣的蔬食自無新意可言：

> 孟陋，字少孤，武昌人也。……陋少而貞立，清操絕倫，布衣蔬食，以書籍自娛，絕口不談世事，未曾交游，時常一個人出外打獵釣魚，家人也不知他的行蹤。母喪，……不飲酒食肉十有餘年。親族屢勸他：「少孤！誰無父母？誰有父母！聖人制禮，使賢者降低自己的標準來

配合，不肖者則勉強自己來達到。如果像你這樣守喪到性格變易且沒有後代，豈不是更為不孝嗎？」陌為這些話所感動，然後才除孝。因此而名著海內。（《晉書‧孟陌》）

《鹽鐵論》裡丞相史所說的：「像蔬菜粗糧那樣的食物，連乞丐都不要」，或許誇張了些，古代中國人對素食沒有太大的好感，卻也是個不爭的事實。只是佛教的傳入卻逐漸扭轉了這個現象。

不殺生戒的影響

　　法輪東轉之初，中國的僧人是否就採取了徹底的素食主義？答案似乎是否定的。推測寫於東漢末年的牟子〈理惑篇〉雖然提到過「佛道以酒肉為上誡」，個別的僧人想來也有力行素食者，然而並沒有成為整個僧伽的制度，否則後來的梁武帝就沒有必要大張旗鼓地厲行禁酒肉的戒令，而《高僧傳》裡也沒有必要將當時某個僧人的持久蔬食列為一件特殊的行徑，慎重其事地記載下來，就像今天的臺灣大概不會有人想要特別去強調某個比丘或比丘尼「素食」一樣。

　　其實，由於入華傳法的僧侶來源複雜（地域上有西域、印度之分，宗派上則大小乘兼具），所奉行的戒律自然也有不少出入。西元401年，翻譯大師鳩摩羅什入長安，秦主姚興賜予妓女十人，於是不住僧坊。鳩摩羅什之外，西元五世紀初活躍於河西走廊（北涼）的曇無讖行徑也差不多：

最初罽賓（今克什米爾）沙門名曇無讖，東入鄯善（今新疆鄯善），自稱：「能使鬼治病，使婦人多子」，與鄯善王妹曼頭陀林私通。被發覺後，逃亡到涼州。蒙遜寵信之，號曰「聖人」。曇無讖以男女交合之術教授婦人，包括蒙遜的女兒、媳婦等人都去跟他學法術。（《魏書》）

不管《高僧傳》或史傳裡提出的藉口是什麼，「淫欲為障道法」，佛陀當年列為第一重戒（波羅夷），犯者逐出教團。這是不管大小乘都須遵守的，連這個重戒都可以放棄，肉食與否似乎也不是那麼重要的了。

　　不過，佛教的傳入終究將不殺生的觀念介紹到中國來，雖然我們尚無法確定此一觀念落實到什麼程度。只是，隨著大乘經典的陸續譯出，特別是「**食肉傷大慈種**」等一類理論不斷的引介和宣傳的結果，中國的佛教信徒、甚至一般民間社會也逐漸將「肉食」（血食）與「殺生」等同起來，雖然並不見得就此全盤接受了素食的主張，然而傳統的蔬食一詞，卻也因此增加了另一層宗教性的意涵。魏晉以後的史書提到蔬食時，有時已與佛教的素食有關：

周續之，字道祖，雁門廣武人也。……既而閑居讀老、易，入廬山師事沙門釋慧遠。……以為除此身不可遣外，其餘拖累最好棄絕，遂終身不娶妻，布衣蔬食。(《宋書‧周續之》)

永明十一年(西元493年)，上(武帝)健康情況不佳，……詔曰：「我死之後，……祭敬之典，本來著重在心裡，東鄰殺牛，不如西家薄祭，我的靈上小心不要以牲畜作為祭品，只陳設餅、茶飲、乾飯、酒脯就好。天下貴賤，咸同此制。還未出殯前，朔望設菜食祭祀」。(《南齊書‧武帝蹟》)

(到)溉家門雍睦，兄弟特相友愛。早年與弟洽常共居一齋，洽卒後，便捨齋為寺，因此而斷腥羶，終身蔬食，別營小室，朝夕從僧徒禮誦。(《梁書‧到溉》)

類似的、自發且終身性的素食開始在中國出現，儘管其普遍性尚有待考察，而且可以上溯至何時也不得而知。除此之外，更為普遍的或許是短期的齋戒，例如前一篇曾提到過的八關齋。東晉時郗超(西元336-377年)的〈奉法要〉裡，對於佛教徒一般性的修齋也有

詳細的說明：

> 已行五戒便修每年三次每月六次的齋戒。所謂
> 「歲三齋」者，每年正月一日至十五日，五月
> 一日至十五日，九月一日至十五日。至於「月
> 六齋」者，每月八日、十四日、十五日、二十
> 三日、二十九日、三十日。凡齋戒日皆不吃魚
> 肉，中午以前用餐，中午之後，甘香美味一概
> 不許嚐，洗心念道歸命三尊，悔過自責行四等
> 心，遠離房室不著六欲，不得鞭撻謾罵、乘駕
> 牛馬、帶持兵器，婦人則兼去香花脂粉之飾。
> 《《大正新修大藏經·弘明集》）

在齋戒期間，素食當然是最基本的要求。只是，這似
乎還是屬於傳統舊有的齋戒性素食的範疇——即暫時
地避免一切美好事物（包括美食）的誘惑。

　　然而，源自於印度不殺生戒的新素食觀還是在中
國生根茁壯起來，肉食與殺生則開始被賦予負面的意
義。上引蕭齊武帝（西元483-493年）的詔書裡，「東
鄉殺牛，不如西家薄祭，我的靈上小心不要以牲畜作
為祭品」這句話，反映的已是此種新素食觀。《高僧傳》

裡釋法度（西元436-500年）的一則故事，更顯示出這
種新素食觀已企圖滲透到傳統的民間信仰：

> 釋法度，黃龍人，少出家……（劉）宋末年遊
> 於京師，高士齊郡明僧紹……隱居瑯琊之躡山。
> ……死後捨其所居的山房為栖霞精舍，請法度
> 居之。先前有道士想要用寺地來作道館，住的
> 人都死了，及後更改為寺院，仍是鬼影幢幢，
> 自從法度來住之後群妖皆息。住有一年多，有
> 一天忽然聽到人馬鼓角之聲，過會兒見到一人
> 遞名片給法度，自稱靳尚。法度上前，靳尚相
> 貌甚為俊雅，侍衛亦很嚴整。靳尚向法度致敬
> 完畢後，說道：弟子統治此山已有七百餘年，
> 神道有法則，其他事物不得干預，以前住在這
> 裡的人都不是真正修道者，所以死病相繼，這
> 也是他們的命運，法師道德所歸，謹捨此山以
> 奉給，並願受五戒，永結來緣。法度道：人神
> 不同道，毋需勉強，再說檀越你世代血食祭祀，
> 這正是五戒所禁止的。靳尚道：如果蒙您收為
> 門徒，當然放棄殺生。於是辭去……至當月十
> 五日法度為設法會，靳尚又來同眾，禮拜行道

受戒而去。躡山廟的住廟巫師夢到神來賜告：
我已受戒於度法師，祠祀不得再有殺戮。於是
廟用祭品只不過菜脯而已。（《大正新修大藏經
·高僧傳》）

　　卒於梁武帝天監八年（西元509年）的顧憲之，雖
然不是佛教信徒，死前卻交代其子孫歲時祭祀：「只用
素饌，不得用牲牢。……祭祀先人自須依循舊典，不
可有闕，自我已下，祭祀只用蔬食時果，勿同於上世
也」。類似新素食觀的實踐者想必還有不少，至於其代
表性論點則可見之於《廣弘明集》裡所收集的〈究竟
慈悲論〉（沈約）、〈與何胤書論止殺〉（周顒）與〈誡
殺家訓〉（顏之推）。文中反覆而言，不外乎「**素食即
不殺生，不殺生即慈悲**」之意。最有趣的是沈約的〈究
竟慈悲論〉，孟子所說的：「每家給他五畝土地的住宅，
四周種植起桑樹，那麼，五十歲以上的人都可以有絲
棉襖穿了。雞狗和豬這類家畜，都有力量和工夫去飼
養蕃殖，那麼，七十歲以上的人就都有肉可吃了」，講
的是「為政之道」，最終目標當然是希望每個人都能「衣
帛食肉」；然而在沈約（西元441-513年）的解釋下，
卻轉變成了「慈悲之道」：「照這樣說來，五（四？）十

九歲以前，穿著的應該是布了；六十九歲以前，吃的應該是蔬菜了」。不僅要求素食，連「衣帛」（絲織品）皆在禁止之列，因為取絲不免要傷害蠶繭，有殺生之嫌；問題是，這個要求可是連一些大乘經典——包括普遍被素食主義者（例如梁武帝）視為理論根據來源的《大般涅槃經》——都強烈反對的。

照《大般涅槃經》的記載，迦葉又問佛陀道：「如來既然制戒不准食肉，那麼這五種食物：乳酪、酪漿、生酥、熱酥、胡麻油等；以及各種衣服雜物：例如憍奢耶衣（絲織品）、珂貝、皮革、金銀盂器，這些事物也不應接受。」佛陀說：「善男子，不應該認同那些耆那教徒的主張……我准許你們吃五種牛味及油蜜等，准許你們穿著皮鞋及絲織品」。因此沈約的鼓吹未免有點矯枉過正，只是後來唐代著名戒律僧——號稱南山律宗之祖——的道宣強烈要求僧侶不得著用絲織品，一時頗有影響。義淨在《南海寄歸內法傳》裡，對於此事即曾大力抨擊：「凡是討論到使用絲絹一事，乃是佛陀親自准許的。何必強加制止，徒然多搞花樣，這純粹是以自己意志來判斷，想要省事卻徒增繁複。五天竺國（印度）統統都在使用，怎可放棄易求的絲絹，而去尋找難得的細布，妨礙修道之事，再沒有比這個

更嚴重的了。原本沒有禁止的卻強要禁止，就是像這類的事」。

　　佛教徒對於新素食觀的擁護自不足為奇，有趣的是，就連道教——最為本土性的宗教——創始者之一的葛洪也接受了這個觀點：

> 凡小山皆無正神為主，多是木石之精，千歲老物，血食之鬼，此輩皆邪惡，不想為人作福，只能作禍。（《抱朴子內篇·卷四金丹》）
>
> 又諸妖道百餘種，皆煞生血食，只有李家道沒有這樣的行為，還算差強人意。（《抱朴子內篇·卷九道意》）
>
> 如有山川社廟血食惡神能作福禍者，以印封泥，斷其道路，則不復能神矣。（《抱朴子內篇·卷十七登涉》）

凡是「血食」的鬼神一律被套上「邪鬼」、「惡神」的稱謂，採取牲祭的道士則是「妖道」——儘管在中國傳統裡，鬼神本來就該是血食的。《抱朴子》的作者葛洪活躍於西元四世紀初，可見當時「殺（煞）生血食」的負面印象已相當深入民間，雖然葛洪並沒有因此而

提出全面素食的主張。

我們曉得，道教本來就有「木食、辟穀」之術，日本學者諏訪義純認為即為「素食」。只是，道教的「木食、辟穀」之術主要是希望能做到餐風飲露，完全不食人間煙火（包括五穀），以達到神仙的境界，與此處所討論的素食——尤其是新素食觀——其實並不相干。

相傳為寇謙之所撰的《老君音誦誡經》雖然規定教徒在舉行廚會（齋會）祈福消災時，「素飯菜，一日食米三升，不近女色，五辛（韭、薤、蒜、芸薹與胡荽）生菜諸肉盡斷」，只是，這似乎還是傳統齋戒性的素食。劉宋三天弟子徐氏《三天內解經》卷上所說的：「治病療疾，不得飲酒食肉」，似乎也屬於同樣性質的飲食禁忌。

然而，劉宋時陸修靜（西元406-477年）批評當時道士生活的一段話：「五辛之菜，六畜之肉，道之至忌，吃這些食物已是犯禁，還動手宰殺雞豚鵝鴨，飲酒洪醉」，所反映的毋寧說，已是一種新的、基本上來自大乘佛教的素食觀——「五辛六畜」之類的食物已被視為「不淨」（道之至忌），而「殺生」當然更被賦與負面的價值。唯一沒有遵循大乘佛教觀點的是飲酒，飲

酒在佛教列為基本的「五戒」之一，然而道教並不禁酒，相反的，在某些場合，酒還是必備的，例如廚會時，「應下三槃，初小食，中酒，後飯」。因此，陸修靜也只能抱怨當時的道士「耽酒嗜食，飲酒洪醉」，要求應有節制。

儘管陸修靜早在梁武帝建立王朝之前，就已經在道教內部提出新素食觀——禁食五辛六畜、不殺生——的要求，實際上，當時的確也有不少道士是採納新素食觀而終身持素的。可惜的是，他的期望——道教的全面素食——終究沒有能夠實現，否則，也許我們今天提到「吃齋者」的時候，浮現在腦海裡的就應該是道士而非僧侶的形象了。陸修靜之所以失敗的原因有二：第一，道教並不像大乘佛教一樣，擁有由「不殺生戒」引申而來的一整套有關素食的理論基礎；其次是，陸修靜雖然曾經在劉宋一朝名動公卿，他終究還是一介凡民，而不像梁武帝一樣直接掌控著帝王的權力。

只是，當俗眾與道教宗師都已如此服膺於新素食觀，身為此一理念之首創者的佛教出家眾又怎能落於人後？這是西元六世紀初梁武帝要求僧伽全面素食時所面臨的基本壓力。

梁武帝

　　梁武帝蕭衍（西元464−549年，西元502−549年在位）是中國史上著名的佛教徒，以帝王之尊而皈依佛教者在歷史上固不乏其人，然而像梁武帝這麼虔誠的倒是罕得一見。有關梁武帝的生平事業，相關論著甚多，此處即不贅言。這裡想探討的是有關僧伽全面素食的問題，也就是「禁斷酒肉」事件。

　　我們先敘述一下事件的始末。有趣的是，梁武帝的〈斷酒肉文〉在史上雖享有盛名，詳細的年代卻始終無法確定，或許是《廣弘明集》的作者道宣在篤信佛教之餘，也順帶接受了古印度人漠視時間的傳統。不過，根據一些學者的考訂，再參考梁武帝時郭祖深上表抨擊佛教一文裡的兩句話：「陛下皇基兆運二十餘載」與「僧尼皆令蔬食」，我們認為西元523年（普通四年）的五月二十三日與二十九日，應該是比較可靠的日期。

　　二十三日與二十九日分別是佛教每月的六齋日之

一，也就是前面提到的郗超在〈奉法要〉一文所說的「歲三月六齋」裡的「月六齋」。根據古印度傳統，鬼神常於每月八日、十四日、十五日、二十三日、二十九日與三十日這六日內伺機害人，故於這些日子裡必須沐浴斷食。佛教沿襲此一傳統，規定此六日為「齋日」，僧眾在此日須集會一處，布薩說戒；在家眾則於此日受持一日一夜的八關齋。梁武帝會挑選這個日子自然是有過一番思量的。

經過仔細布置與安排後，梁武帝首先在五月二十三日這一天召集了僧尼代表一千四百四十八人在華林園的華林殿舉行大會，先由「都講」慧明誦唱《大般涅槃經・四相品》裡禁斷肉食的相關經文，再由「法師」法雲講解其中「食肉者斷大慈種」之義，這是當時各寺院講經的一般形式，倒也不足為奇；不過，重頭戲卻是在這開場白之後、由道澄代表梁武帝所宣讀的〈斷酒肉文〉。題目雖有「酒」字，在這篇長達六、七千字的演講裡，提到酒的地方卻很少，這是因為律典裡本來就有禁酒的戒令：

　　佛告阿難：凡飲酒者有十種過失。……佛告阿難「從今以後凡是以我為師者，甚至不得以草

木頭內著酒中而入口」。爾時世尊以無數方便呵責娑伽陀比丘以後，告訴諸比丘：「娑伽陀比丘是個癡人，多種有漏處最初犯戒，從今以後與比丘結戒，……欲說戒者當如此說，若比丘飲酒者波逸提」。(《大正新修大藏經‧四分律》)

犯「波逸提」者須於布薩僧中懺悔，雖然不算是太嚴重的罪行，只是既已明載於律典，這樣的行為終究缺乏正當性可言，梁武帝自然毋須對此多費脣舌。相形之下，既然律典裡佛陀已明言「淨肉」可食，想要禁止僧侶食肉無疑是要麻煩多了。梁武帝其實也想不出更好的方法，因此在講稿裡，他除了引經據典苦口婆心地勸告出家眾不要吃肉外，還不惜以身作則發下重誓：

弟子今日提倡此事，僧尼必當有不平之色，就算我把心肝挖出來擲在地上，以示僧尼無所欺瞞，也只不過是幾片肉，何以取信。古人有言，知易行難。弟子蕭衍雖屬居家眾本毋需持戒，然而今日卻應當先自己起誓，以讓僧尼明白我的本心：弟子蕭衍從今以後至于道場，如果飲

酒放逸生出各種婬欲，欺誑妄語食用眾生，乃至飲用乳蜜以及酥酪，願一切有大力鬼神，先當苦治蕭衍身體，然後持付地獄閻羅王加與種種苦痛，乃至眾生皆成佛盡，弟子蕭衍，還留在阿鼻地獄中。

出家眾相對地當然也要受到同樣的約束：「僧尼若有飲酒食用魚肉而不悔過者，一切大力鬼神亦應如此治問」。只是，梁武帝也了解到，幽冥的果報若是有效，出家眾的食肉早就不該成為問題。更何況，他們還可以利用大小乘經典的自相矛盾作為藉口，以解脫良心的譴責。國家力量（王法）的介入至此成為不得已的手段：

今日在此的大德僧尼、義學僧尼、寺官，應當要自行警戒嚴淨徒眾，如果他們懈怠不遵佛教，論其身分還是梁國的編戶一民，弟子今日力能治制，若他們還不依佛法，各位僧官應當依法追究。

弟子蕭衍於十方一切諸佛前，於十方一切尊法前，於十方一切聖僧前，與各位僧尼共同申明

約誓：今日僧眾還寺以後，各各檢勒使依佛教。
如果還是飲酒吃肉不遵佛法，弟子當依王法治
問。僧尼如果穿著袈裟卻不遵行佛法，是假名
為僧，與盜賊一樣。如此作為者必須想到還是
弟子國中編戶一民，王力足以追究。如果是官
府聽察所得，或是寺院自相糾舉，不管這個僧
尼年歲老少，不管他有多少門徒，弟子當令寺
官集僧眾鳴捷槌，迫其捨戒還俗穿著在家眾服
裝，依涅槃經還俗供官方驅使。最好是挑選僧
團長老，以及擁有最多門徒的僧人，這兩種人
應當先追究。為何如此？因為處罰一個無行小
僧，不足以改革物心，處罰上述那樣一個大和
尚，才足以驚動視聽。

僧尼若有飲酒食用魚肉者而不悔過者，一切大
力鬼神亦應如此治問，增廣善眾清淨佛道。如
果未被鬼神處罰仍在世間者，弟子蕭衍，當加
法治問，驅令還俗，穿著在家眾服裝隨時役使。

　　只是，完全仰賴高壓的手段當然也不成。當時人
們或出家眾反對徹底素食的理由之一其實是與健康有
關的——蔬食會導致人體「虛冷」。蔬食是否真的有礙

健康？坦白說，這是一個直到今日為止也還無法完全
以現代醫學確定的問題。我們曉得，流傳於東南亞一
帶的南傳佛教一向並不忌諱肉食，不過近年來，在西
方素食運動的影響下，斯里蘭卡(Sri Lanka)年輕一輩
的僧侶確也有人提出全面素食的主張，只是理所當然
地遭到強烈的反對，反對的理由除了「不合戒律」外，
有礙健康亦是主要訴求之一。實際上，一直到梁武帝
的時代為止，根據史書上的記載，此一觀點可說是相
當深入人心的，甚至連佛門中人都有這樣的看法：

> （謝弘微）兄謝曜歷任御史中丞、彭城王義康
> 驃騎長史，元嘉四年卒。弘微守喪長期蔬食，
> 哀戚超過禮制的規定，喪服雖除，猶不吃魚肉。
> 沙門釋慧琳拜訪弘微，弘微與之同桌共食，自
> 己一個人仍然吃素。慧琳勸說：「檀越平常多疾
> 病，氣色看來不太好，除喪之後，還沒有恢復
> 正常飲食。這樣做沒有好處卻有傷身體，似乎
> 沒什麼道理」。（《宋書·謝弘微》）
> 陳文帝認為虞荔蔬食太久，並非他病弱的身體
> 所能承擔，乃下詔：「卿年紀已老，氣力稍減，
> 我還打算委託你辦些事，最好保持健康的身體。

現在賜給你魚肉，不得再固執己見」。虞荔終究
不遵從。(《南史・虞荔》)

嚴植之自幼即熟悉莊子、老子，能玄言，……
少遭父喪，因此素食二十三載，後得風冷疾，
乃停止素食。(《梁書・嚴植之》)

即使梁武帝自己在初行素食時，也曾經因為「尚未習
慣素食，以至於面黃肌瘦」。可見素食有礙健康在當時
幾乎已成為一種共識。梁武帝素食的緣由，下面會再
論及，只是他既然要求僧侶素食，〈斷酒肉文〉自然要
針對這一點做出回應：

凡是不能離開魚肉的人都愛說：菜蔬性冷會讓
人虛乏，魚肉性溫對人有補益。有這種想法的
人都是偏見，實際情況並非如此。長久素食的
人血氣暢通，像這樣的人，照理說身體應該是
偏熱的，血氣暢通則能飲食，能飲食故氣力充
滿。因此菜蔬不但不冷，還能有補益於人。那
些修苦行的人也都吃素，多半身體偏熱而且堅
強，神智清爽不容易昏疲。大致說來魚性偏冷，
血腥為法增長百疾，所以吃魚肉的人，神智照

說較易昏濁。……這難道不是由於偏好的緣故，以致用心各有所執著。喜好魚肉的人便說魚肉是溫是補，這些都是偏見不可相信。還有一種人，吃素以為冷就放棄素食，這是實行的人還沒有了解吃素的真諦。蔬菜跟魚肉的關係就像水與火一樣，吃素才剛有一點效果，又回頭去吃魚肉，魚肉腥燥會減低吃素的效力，因此而迷惑的人才會說：菜蔬性冷。凡是吃素而又常常放棄的人，反而會落得既不能得到菜蔬之助力，又不能得到魚肉的邪益。

梁武帝自己顯然是克服了此一問題，他雖然吃素，卻還是健康活潑地活到八十幾歲（要不是侯景之亂說不定還可以活得更久），只是就他上述的說辭而言，似乎也沒有太大的說服力。這倒不能怪他，以當時的醫學水準無法對此問題提供一個肯定的答案，似乎也是理所當然的。不過他的用心良苦，從這番言論倒是可見一斑。

除此之外，為了說服群僧素食乃是大勢所趨，梁武帝甚至還舉例說明當時其他一般的民間信仰，在祭祀時供品也都已經採取素食：

北山的蔣帝廟也放棄了殺生，如果信徒不殺生
祈願經常可以得到他的指示，如果是殺生祈願
就得不到。今日你們應該都已經知道，弟子已
下令各廟祭祀以及民間各種祭祀，祈願時皆不
得以牲畜上供，各盡誠心只以蔬菜上供。蔣帝
今日尚且行菩薩道，各位出家人怎麼反而食諸
眾生行魔道。

這裡所說的蔣帝指的是流行於南北朝時期「蔣子文信
仰」。至於蔣子文是否真正顯靈要求信眾供奉素食？或
者僅只是在梁武帝的詔令下不得不改為吃素？我們自
然是不得而知了。

　　然而，在這次大會之後不過幾天，梁武帝就發現
事情的發展並沒有如他所想像的那麼樂觀。起因之一
是，在法會中當法雲講解涅槃經斷肉事時，掌管全國
僧伽事務的僧正慧超與宣武寺的法寵就曾質疑：若照
經文禁斷一切肉食，乃至自然死亡者皆不得食，那麼，
這與耆那教徒（尼揵）禁止使用皮革，因此也不得著
皮鞋的規定又有何差異？再說，既然佛陀已准許僧侶
著皮鞋，就沒有理由不准食肉。雖然法雲當場已針對
此一問難做出答覆（〈斷酒肉文〉並沒有記載答覆的內

容，大概還是引用《大般涅槃經》裡佛陀答覆迦葉的
話，詳見上一章），梁武帝認為還不夠清楚，「恐怕那
些小和尚，拿住這一點大作文章，反而造成更大的問
題」。其次是，即使在這樣的苦心勸服與威嚇之下，二
十三日的法會結束之後，梁武帝還是聽到了不少抱怨
與不服之語。例如有些僧尼即公然抱怨：「律典中明明
就沒有斷肉事及懺悔食肉法」。

以此，二十九日梁武帝再度召集僧尼代表一百九
十八人於華光殿舉行第二次的法會，人數減少了這麼
多，可見已是全國僧團的領導階層。這次他的態度明
顯地嚴峻許多，當場直接與僧尼辯駁，而凡是對禁斷
肉食一事存有絲毫懷疑之心、或者本身平時就無法力
行素食者，例如僧辯、寶度與法寵等人，都遭到梁武
帝毫不留情的駁斥。在這次法會中被點名批判的幾個
人，可說都屬於僧團裡全國性的人物，與梁武帝也有
特殊的關係，例如慧超與法寵都是梁武帝的家僧，慧
超還身兼全國僧團總管，權位之重在僧團中可說是無
與倫比；至於僧辯，《續高僧傳》中說他「威德冠眾解
行高物，傳業之盛獨步江表」，無疑也是個領導者。這
麼高階的僧侶當場遭到毫不留情的申斥，對於其他在
場旁觀的僧團代表而言，無疑是場極具威嚇效果的震

撼教育。

　　梁武帝禁斷僧團酒肉的回響如何，史無明言，不過在當時客觀環境的要求下，南方僧團大概就此接受了。剩下來的問題就是：北方的僧團又是在什麼時候採取了全面素食的主張？關於這一點，可惜的是我們並沒有像梁武帝的〈斷酒肉文〉那樣清楚而直接的證據。也可能北方的僧團並不像南方那樣，在帝王的一紙詔令下改絃易轍，而是逐步地走上全面素食的道路。只是這應當不會早於梁武帝禁斷南方僧團酒肉之前，否則他就不必那麼大費周章了。當然，由於北方的政治力量對於佛教僧團的管制一向遠比南方要來得更積極（南北朝兩次的滅佛事件皆出之於北方即可想見）；因此，北方僧團的全面素食如果是出之於當時政治力量的運作自然也是極有可能的。從這個角度來觀察，北齊的文宣帝（西元550–559年）倒是相當符合我們的標準——換言之，北方的僧團似乎是有可能在他的統治時期接受了全面素食的戒律。

　　天保二年（西元551年），文宣帝在釋僧稠的感召下成為佛教信徒。只是，嚴格說來，文宣帝實在算不上是個多麼值得稱道的皇帝，從他的一些作為裡（尤其是晚年），我們也看不出他真正接受了多少佛教的教

誨，至少在與梁武帝相形之下確是如此。《北齊書》的
〈帝紀〉對他最後的評論是這樣的：

> 既征伐四克，威振戎夏，即位六七年後，以功
> 業自誇，遂留連耽湎，肆行淫暴。或親自擊鼓
> 跳舞，歌舞不息，從早到晚，以夜繼晝。……
> 徵集娼妓，交給隨從作樂，朝夕臨視，以為娛
> 樂。殺人時多半是分屍，或焚之於火，或投之
> 於河。沉酗既久，遂陷入瘋狂，晚年時常自言
> 見到鬼物，或聽到異聲。對某人稍有蒂芥，必
> 定誅戮，元魏宗室都被屠殺……。其他酷刑濫
> 殺之事，不可勝紀。……又多所營繕，百役繁
> 興，舉國騷擾，公私勞弊。凡諸賞賚，無復節
> 限，府藏之積，遂至空虛。自皇太后諸王及內
> 外勳舊，愁懼危悚，計無所出。晚年時無法進
> 食，只能飲酒，遂因酗酒而致斃。(《北齊書》，
> 4，頁67-68)

既然是「對某人稍有蒂芥，必定誅戮」，文宣帝在歷史
上會得到個殘暴好殺的惡評自不令人意外。然而，這
只是對人如此，對於其他的生物可就不然了。根據《北

齊書》的記載：

> 天保七年（西元558年），帝以肉為斷慈，遂不
> 復食。（《北齊書》，4，頁61）
> 天保八年，下令捕取蝦蟹蜆蛤之類，悉令停斷，
> 唯聽捕魚。下令公私捕獵用的鷹鶴完全禁絕。
> （《北齊書》，4，頁63）
> 天保九年，詔限仲冬一月燎野，不得他時行火，
> 損昆虫草木。（《北齊書》，4，頁64）

這可完全是遵照佛教慈悲為懷的教誨了，最後一道詔
令還擴大及於昆蟲草木。《續高僧傳》裡也說他：

> 率土之內禁斷酒肉，放棄打獵用的鷹犬，國內
> 再也沒有漁獵屠殺的行為。除此之外，每年三
> 次每月六天，勸導人民齋戒，不管官方或民間
> 都一律素食。

換言之，新素食觀的奉行甚至普及到一般民間（雖然
難免有些誇張），在這樣的背景下，再加上梁武帝要求
南方僧團全面禁斷酒食距離當時也還不到三十年，因

此，我們是否可以合理地推測：北方僧團的全面採行素食應該就在文宣帝的統治時期。道宣（西元596-667年）在《續高僧傳》的一篇論述中曾說過：「且夫佛教道東，世稱弘播，論其榮茂，勿盛梁齊」，而在南北朝的眾多帝王裡，他也只推崇梁武帝和文宣帝兩人對佛教的貢獻——雖然我們從歷史文獻中委實很難發現文宣帝對佛教的具體貢獻究竟如何，只是，其中想必有其深意在。

不管怎麼說，我們所能確定的是：在梁武帝的〈斷酒肉文〉宣布後，素食自此成為中國佛教徒的普遍戒律，肉食（不管「淨肉」與否）則被視為一種「不正當」的行為，一直到今天為止仍然如此。

梁武帝禁斷僧團酒肉後，實際上的成效究竟如何？這裡先舉個具體的例子。曾因滅佛而名列中國佛教史上「三武之禍」的北周武帝（西元560-578年）——其他兩個分別是北魏的太武帝和唐武宗——在建德三年（西元574年）的宗教大會上批判佛法的不淨時，居然以「經律中准許僧尼受食三種淨肉」為佛教三大不淨之一，換言之，在北周武帝的觀念裡，佛教僧團的素食根本就是天經地義的，而這時距離梁武帝禁斷僧團酒肉也只不過半個世紀的光景。

　　佛教史料也可以提供給我們一些線索。在慧皎的《高僧傳》(成書於梁武帝時期,西元六世紀初)與道宣的《續高僧傳》(成書於唐太宗晚年,西元七世紀中葉)裡,提到終身持素者共有六十九人,其中六十二人在隋唐以前,隋唐則僅有七人,可見自梁武帝禁斷僧伽酒肉後,素食逐漸成為中國佛教僧團的一個傳統,因此隋唐僧人的素食已被視為當然而毋庸再特別記載。至於僧傳裡提到隋唐僧人素食的場合也相當有意思:

　　　(隋)那連提黎耶舍,北天竺烏場國人。⋯⋯又前往突厥人的賓館,勸導他們修持六齋,將作為食物的牛羊放生,實行素食。(《大正新修大藏經・續高僧傳》)

　　　(唐)釋善伏,姓蔣,常州義興人,生下來就白頭髮,五歲時在安國寺兄才法師身邊出家,布衣蔬食日誦經卷。⋯⋯後與暉、才二師,入桑梓山行慈悲觀,又為鬼神受戒不許吃肉,神即降言巫者,命令他們一起受戒,巫者殺生祀神,神將他打得半死,降語道:我已在僧人那兒受戒,誓不食肉,如何為我而殺生,可憐你

的愚癡暫且饒你性命，以後再這樣一定要你的
命。自此以後各種祭祀永遠斷絕羶腥。常婺州
有兩個商人，共同載績麻一類的貨物到江神廟
宇，一個用蔬菜祭祀，另一個想要殺生祭祀只
是還來不及舉辦，結果他的麻織品都濕了，而
前面一個以蔬菜祭祀的貨物卻都是乾燥的。於
是行人忌憚再也沒有敢以肉類祭祀的。由於釋
善伏授戒極具功效，人神敬仰，有陵犯者馬上
遭報，因此江淮一帶屠殺販賣魚肉鵝鴨雞豬的
人，都受戒釋放那些牲畜，市場上再也沒有販
賣的。(《大正新修大藏經·續高僧傳》)

換言之，當時的僧侶不僅自己素食，甚至還有意更進
一步要求一般的民間大眾，包括鬼神祭祀乃至突厥人
（游牧民族），也都採取素食，這倒是頗具雄心壯志的。
在素食主義的鼓舞之下，有些僧侶甚至還企圖將這份
用心推展為民間全面性的戒酒運動：

　　（唐）釋玄鑒，俗姓焦，澤州高平人（今山西
高平），　……外出時如果碰到飲酒吃肉非法之
事，立刻當面訶責諫止，數說其過失，就算遇

上強項之徒也不迴避。要是有人不肯聽勸，玄
鑒當場便把他們的酒器打碎，也不賠錢。因此
當地士人聚集醼飲時，一聽到玄鑒要來，登時
作鳥獸散。……寺裡常有營繕工程，工匠繁多，
豪族之人或者送酒食來給這些工匠。玄鑒說道：
「我現在所營造的一定要依法而行，寧可不造，
也沒有准他們喝酒的道理」。即刻不准他們送酒
食來。（《大正新修大藏經・續高僧傳》）

比之二十世紀三十年代美國清教徒轟轟烈烈的禁酒運
動，似乎也不遑多讓。

話說回來，是否自從梁武帝禁斷僧團酒肉後，中
國的僧侶就真的再也不沾酒肉，事情當然沒有這麼理
想。唐代名僧同時也是書法名家的懷素（西元737-？
年）就曾留下著名的〈食魚帖〉，日常生活飲食也不忌
諱酒肉，這點從他的詩文即可發現。當時與他來往的
一些詩人墨客似乎也夷然不以為異。不過，懷素的故
事大概只能算是個特例，對於一般的僧尼而言，禁絕
酒肉仍然是他們必須遵守的戒律之一，這也是社會一
般人對他們的期待。然而，人非聖賢，戒律再怎麼嚴
格，犯戒的僧侶還是在所難免，再加上敵視佛教的人

也不斷製造僧尼違反清規、飲酒吃肉的傳聞。有時則對僧尼的素食出之以嘲諷的態度，例如《東坡志林》卷二「道釋」項即有這麼一條的記載：「僧謂酒為般若湯，謂魚為水梭花，雞為鑽籬菜，竟無所益，但欺而已，世常笑之」。面對這樣的指控或確實存在的現象，佛教史傳的作者基本上確立了三項處理的方針。

第一，為長者諱，雖然這意味著有時不得不掩飾真相。例如在梁武帝禁斷僧團酒肉之前，中國僧侶肉食根本算不上什麼大不了的問題。因此，隋代的費長房在《歷代三寶記》卷十一裡就如實記載了下述的故事：梁武帝的家僧僧伽婆羅來自東南亞一帶，有一次到臨川王府，臨川王問他素食還是肉食，他答道：「平常吃素，生病時就肉食」，又問：「今日如何？」「由四種元素所構成的凡人之軀，那有不生病的時候？」臨川王大樂，即刻為他準備宴席——當然是治病所需的肉食。然而，等到唐代道宣編寫《續高僧傳》時，在卷一的〈僧伽婆羅傳〉裡，對於上述這段故事，除了「太尉臨川王宏，接遇隆重」一句外，其他則隻字不提。

其次，佛教史傳既以「高僧」為名，記述的照說應當是一些立德、立功、立言，足以流芳百世的僧人。道宣在《續高僧傳》序言裡即明白列出「譯經、解義、

護法」等十項品德或業績作為入傳的標準，而百分之九十九以上的僧傳的確也都能符合上述這些標準中的某一項。然而其中卻也有些僧傳，傳主所為完全不合序言所列出的標準，例如卷二十五的〈釋明解傳〉。據傳中所言，釋明解日常飲食即不守清規，更於酒後賦詩詆毀佛教，故死後墜入惡道，受飢渴之苦。這個傳記擺明了是當反面教材用的，換言之，是以冥報或轉生惡趣來恐嚇那些違反清規的僧人。其實，類似的手法早在南北朝時就已有人採用過。同樣是道宣編纂的《廣弘明集》裡收錄有顏之推的〈誡殺訓〉，幾則小故事翻來覆去不外是說明：「去殺之事必勉行之，見好殺之人臨死報驗，子孫殃禍其數甚多」。道宣想必是由此得到不少的靈感。

最有創意的是第三種對策。慧皎在梁武帝時編寫《高僧傳》，雖然刻意褒揚終身持素的僧侶，對於某些飲酒吃肉的僧人卻也照實記載，有意思的是這些僧人，例如杯度、釋慧通等人，碰巧都出現在卷十「神異」的類別裡，雖然他並沒有特別說明「飲酒吃肉」究竟與「神異」有著什麼樣的關係，卻巧妙地給讀者留下不少想像的空間。這個想像空間在道宣的《續高僧傳》裡終於有了進一步的落實。

香闍梨者，不知從何而來，以梁初抵達益州（四川）青城山飛赴寺，欣然有終老於此的想法。當地習俗於每年三月三日相約登青城山遊賞，通常都會帶酒肉上山共同享樂，香闍梨雖然前後幾次勸說，還是不能斷絕當地人的此一陋習。第二年三月，當地人又如前例集會，眾人坐定後，香闍梨令人在座位旁邊挖了個一丈見方的大坑，沒有人知道他挖坑的用意。香闍梨告訴眾人：「各位檀越以前都只顧自己吃喝，從未請我，今日為了眾人我得飽餐一頓」。諸人爭相奉上酒肉，香闍梨則拿到就吃光喝盡，眾人好像在填一個巨大的山谷，似乎沒有填滿的時刻，有見識的人私下覺得奇怪。到了晚上香闍梨說道：「我太過醉飽，扶我到坑旁，否則恐怕會弄髒地上」。到了坑旁，張口大吐，雞肉自口出，即能飛鳴，羊肉自口出，即能馳走。酒食亂出，差不多要把坑填滿，魚鵝鴨在坑中游泳交錯。眾人大為驚嘆，發誓斷絕殺生。一直到現在為止，酒肉永遠不得入山，這都是香闍梨的德望感召所致。（《大正新修大藏經・續高僧傳》）

有意思的是，《高僧傳》的作者慧皎在記述釋保誌的「神異」時，也曾經提到釋保誌有一次忽然要求吃活魚，信徒即刻為他辦妥，結果等到釋保誌吃飽離去，那人回頭一瞧，「盆中魚游活如故」。只不過，慧皎並沒有針對這個「奇蹟」多做解釋，解釋的工作還得留待道宣來完成，而「飲酒吃肉」與「神異」終究有了個完美的結合——僧人的「飲酒吃肉」原來是為了要達成讓一般俗眾不再「飲酒吃肉」的手段，正如《大般涅槃經》裡所說的：「因此菩薩不習慣吃肉，為了濟度眾生表面上裝出吃肉的樣子，其實並沒有吃」。算得上是用心良苦了。

贊寧在《宋高僧傳》裡也如法炮製，例如〈唐興元府梁山寺上座亡名傳〉：

> 釋亡名者，不知何許人也。居住在褒城西數十里稱為中梁山的地方。行跡詭異言語不常。……平常酷嗜酒而食肉，……處理寺院裡的事務都能折中，寺裡眾僧亦很敬畏他，稱他為上座。當時群僧中有些人效法他的行為，一無所懼。上座釋亡名察知而嘆曰：「還沒有達到淨心地，怎麼就敢反其道而行，反其道而行不是你們一

般人的境界，再說金也得以火試，等我找一天來試試」。開成年間（西元836-840年），釋亡名忽然製作一些大餅，召集徒眾道：「一道逛亂葬崗去」。……到了亂葬崗，上座釋亡名坐在地上剝開餅，裹了腐爛屍肉送到口裡，似乎很享受的樣子。同去的眾僧都掩鼻嘔吐逃之夭夭，上座釋亡名大叫道：「除非你們能吃得下這種肉，才談得上吃其他的肉」。自此之後，群僧警悟精苦修行，遠近的人也歸信於釋亡名。（《大正新修大藏經·宋高僧傳》）

旋律不變，只是這次「聖僧」示化的對象不是一般的俗眾，而是他座下的僧侶。不過，「腐爛屍肉」固然不容易吃，比起讓吃下去的雞羊復活，似乎可行性還是要高些。贊寧大概也想到了這個神話的破綻：萬一哪個僧人真的狠下心來，吃起「腐爛屍肉」，然後宣稱「得道」，豈不是要搞得天下大亂。因此，他特別在傳後加了一段警語：「如果有人妄言悟道，想依此例而行，那簡直就像小野狼想學獅子吼一樣」。

是否真有哪個僧人不自量力東施效顰學起獅子吼來，我們不得而知。不過，從《續高僧傳》與《宋高

僧傳》裡所描述的這些「聖僧」的神跡看來，中國民間社會所神化了的濟顛（濟公）——「酒肉和尚」兼「聖僧」的代表性人物——似乎都可以在此找到其原始的雛形。

梁武帝為何要如此大費苦心地推動佛教僧團的素食運動？而當時的佛教僧團又為何願意如此配合？「王力足相治問」固然是個重要因素，在國家力量的威脅下，梁朝的僧侶不管意願如何，大概也沒有太多選擇餘地。只是，〈斷酒肉文〉頒布之後不過三、四十年，梁朝即已滅亡（西元557年），其他的君主不見得有梁武帝那樣的虔誠，想要嚴格地執行僧團素食的規定。再說，就算梁武帝對僧團素食的意願如何堅定，當時他所能掌控的領土不過只及於淮河以南，北方的僧團並不在他統治之下，就算後來得到北齊文宣帝的支持，文宣帝的統治時期更為短暫（只有九年），為何北方僧團仍然接受了素食的要求？這些問題的解答必須從更為廣闊的政治、社會與經濟的背景去尋找。

梁武帝登基時（西元502年），佛教傳入中國已有四、五個世紀之久，教團的人數也持續不斷地擴張，根據一份粗略的估計，當時南方的僧尼數約在八萬人上下，北方則應在十萬人以上。相對於當時中國全體

人口而言（約三、四千萬），比率可說相當低，如果這些人都分散在山野與世隔離的話，中國社會或許根本就感覺不到這群人的存在。問題是，佛教從一進入中國開始，就是個城市的宗教。這點倒也不足為奇，城市從來就是個人群聚集的地方，因此，也只有城市才能提供給傳教者最為便利廣大的市場與充沛的資源。這也是為何所有的世界性宗教（例如佛教、基督教與回教），毫無例外的，打從一開始就都是從城市開展其宣教事業的。中國的寺院、僧侶當然也有許多是處於山野之中的，然而就算是像廬山慧遠（西元334–416年）那樣離塵出世的高僧，儘管終身不出虎溪一步，與當時京師權貴的交往卻也相當頻繁，這點只要翻翻他的傳記，看看《弘明集》裡他所留下來的一些書信即可瞭然。慧遠如此，其他僧侶就更不用說了。

出家眾既然無法避免與中國世俗社會的交涉，本身又是一個外來的宗教，彼此之間的爭執衝突自然在所難免。從東漢末年牟子的〈理惑篇〉開始，一直到梁武帝時，這個論爭已持續了幾個世紀：舉凡從彼世形而上的生死輪迴、靈魂的有無，一直到此世政治上的君臣之分，經濟上的坐食者身分，生活上的服飾舉止、飲食習慣等，都成為僧俗間爭論的議題。有關這

些論爭的原始文獻，皆收集在梁代僧佑（西元445–518年）與唐代道宣所編輯的《弘明集》與《廣弘明集》裡，湯用彤的《漢魏兩晉南北朝佛教史》裡也有詳盡的討論，此處即不贅言。

這些論爭有的或許只是士大夫之間一種哲理性的探討，例如生死輪迴與靈魂有無之類的問題，也頗為契合當時流行的清談玄學之風。然而其他比較具體與世俗性的爭論，例如君臣之分乃至生計衣著等等問題，最終其實可以歸納成一個原則性的問題，那就是：出家眾究竟要在這個社會扮演什麼樣的角色？說得更具體些，在傳統中國士農工商的四民社會裡，出家眾到底屬於哪一個階層？換言之，出家眾的「身分」問題，即使在佛教已經傳入中國將近五百年之後，仍然沒有得到一個根本的解決。然而，不管對出家眾或是世俗社會而言，這都是一個極具關鍵性、也是梁武帝想要徹底解決的問題。

在〈斷酒肉文〉一開始，梁武帝就明白向參與大會的僧眾指出：佛教僧侶飲酒食肉的話，在社會評價上，不但比不上其他出家人（外道），甚至連在家人都不如，至於會遭到非議的緣故，根據他的觀察則各有九項。梁武帝所指控的這十八項罪狀能否言之成理？

當時的社會大眾是否會認同他的觀點?這些姑且不論,反正以帝王之尊親口宣示,在當時大概已可視同法律判決。不過,梁武帝真正想警告僧眾的其實是:如果在這個社會上,僧侶既不如其他出家人,又不如在家俗眾,那麼還有他們的立足之地嗎?換言之,在他看來,除非中國的佛教出家眾有其獨特且值得尊敬的生活樣式,足以讓人一目了然地將其與外道和一般俗眾清楚區分開來,換言之,也就是佛教僧團必須塑造出一種屬於自己的形象與身分,否則終究是難以見容於中國社會。這是梁武帝堅持佛教僧侶必須拒絕酒肉的主要緣故。

嚴格說來,梁武帝並非當時第一個有此想法的人,前面曾提到過,劉宋時道教宗師陸修靜就曾經想為道士塑造類似的生活樣式與形象,他的《道門科略》及其他一些有關齋戒儀範的著作,可說都是為此目的而寫作的。由此我們亦可了解,雖然在〈斷酒肉文〉中,梁武帝並沒有指明所謂的「外道」到底是何門派,道教無疑是浮現在他當時腦海中的;因為,通貫整個魏晉南北朝時期,與佛教爭奪中國宗教獨尊地位的唯一團體正是道教。實際上,梁武帝在皈依佛教之前,也曾經是個虔誠的道教徒,即使在正式成為佛教徒之後,

他和當代的道教名流如陶宏景等人仍時相往還，還曾委託道士幫他煉不死之藥，只是後來仙丹雖成，梁武帝卻不敢服用。不管怎麼說，梁武帝對當時道教的一切還是相當熟悉的。因此，對於當年陸修靜的想法與作法，梁武帝是絕不可能一無所知的。

「飲食男女，人之大欲存焉」，能克服這兩項人類本能的重大誘惑，無疑是可以得到一般人的欽佩與尊敬。梁武帝當年以篡奪的方式從同宗手裡取得帝位，雖說是順天應人，終究難免問心有愧，為了證明自己之取天下並非貪圖榮華富貴的享受，於是決定斷絕男女之欲：「朕又細心思索，取得天下並非我一向以來的願望。……然而又有誰知道我並不想貪得天下，唯一能證明這件事的，只有努力去做一般人做不到的事，讓天下人得以知道我的初衷。於是斷絕房事，不與嬪侍同屋而寢，到如今也有四十幾年了」。同樣的，力行素食則是為了證明他的孝心（「心裡追悔來不及朝夕奉養雙親，再也沒有心情單獨享用這些美食，從此素食不吃魚肉」）。這些在他的〈淨業賦序〉一文裡點點滴滴都有詳細的交代。

「努力去做一般人做不到的事，讓天下人得以知道我的初衷」，這是梁武帝自己的經驗談，他會想到將

親身的經驗轉移到佛教僧團，或許也不是件太令人詫異的事。僧團如果真能如他所期望的那樣，除了「戒淫」（拒絕女色的誘惑）之外，更能「戒酒肉」（拒絕美食的誘惑），那麼，在中國社會無疑可以一新眾人耳目——我們曉得，在中國世俗社會的禮法裡，只有喪禮與重要的宗教祭典等場合，才會要求參與者暫時性地齋戒（禁絕房事與酒肉），若有人能長期如此，在世俗人眼中實已臻「超凡入聖」的境界（雖然一般人也許並無意於此）。然而，一直到梁武帝的時代為止，「戒淫」固然已被當時的僧團視為一項普遍性的規範，「戒酒肉」卻還始終停留在僧侶個人修行的範疇。持齋終身的僧侶在世時自是俗眾崇拜敬仰的對象，身後也可以博得《高僧傳》作者的青睞表揚；只是這種崇拜敬仰，究其實，頂多只能算是修行者個人的自業自得，而與僧團整體的形象並無多大的關係。換言之，單只是一種個人性的修行，並無法使整個僧團與世俗社會截然劃分開來，從而取得超然於士農工商之上的一種獨特的「身分」——除非這種修行能成為佛教僧團一項普遍性的戒律。梁武帝如此雷厲風行地禁斷僧侶酒肉一事的用意，應當可以從這裡找到一個解答。

從這個角度來看，慧皎在梁武帝時開始著手撰寫

《高僧傳》，顯然也已體會到當時瀰漫在中國社會裡對於佛教僧侶「身分」的質疑：佛教僧團存在的意義究竟是什麼？僧侶戒慎苦修的目的是為了什麼？因此，透過四百五十年來（西元67–519年）數百位僧侶的現身說法，慧皎希望能向俗世大眾——尤其是貴族士人階級——提供上述這些問題的解答，這是《高僧傳》寫作的目的之一。其次則是，就像梁武帝想藉著禁斷僧人酒肉，為中國僧團塑造出一種新的生活樣式與形象，慧皎也希望能透過《高僧傳》，為僧侶提供一個行為模式的規範。慧皎在《高僧傳》裡開宗明義就列出了入傳的十個判準：一、譯經，二、義解，三、神異，四、習禪，五、明律，六、遺身，七、誦經，八、興福，九、經師，十、唱導。換言之，符合這些成就的才可入傳，這倒是有點類似我們今天所謂的「入祀忠烈祠」的意思。基於見賢思齊的原則，《高僧傳》裡的記載無疑給後代的僧侶指點出一個遵循的方向。更重要的是，慧皎在《高僧傳》裡所樹立的準則，除了個別極細微的修正外，成為此後所有《高僧傳》——包括道宣的《續高僧傳》、贊寧的《宋高僧傳》以及如惺的《大明高僧傳》——的典範，這些傳記對於規範中國僧人的行為模式無疑發揮了極大的影響力。

羅馬不是一天造成的，歷史當然也不可能只憑一、二個人——就算他們是帝王也罷——的力量就出現大逆轉。在促成中國佛教僧團生活全面素食化這項工作上，梁武帝與文宣帝固然扮演了極具關鍵性的角色，然而，更堅實的基礎卻是在此之前的百餘年間，透過新素食觀在中國社會長期的潛移默化才奠定下來的。

值得注意的是，在這個過程中，「殺生」與「肉（血）食」雖然成功地被賦與某種程度的負面價值，中國人卻始終沒有真正視肉食為「不淨」（儘管陸修靜曾說過：「六畜之肉，道之至忌」一類的話）。這一方面是由於，「肉食為美食」在中國已是個根深蒂固的傳統觀念；其次則是，中國人對食物並沒有像印度人和猶太人那種宗教性的潔淨觀。因此，梁武帝在說服僧侶力行素食時，著重的是：「食肉即殺生，殺生則傷慈，無慈悲心何以為僧」這樣的一套邏輯，基本上並不刻意去強調肉食是否「不淨」的問題——實際上，當社會一般人仍抱持著「肉食即美食」的觀念時，似乎反而更能突顯出佛教僧侶「出世」的身分與形象。

除了要求僧侶在修行上能具備作為一個「人天師」的資格——換言之，也就是為僧團在中國社會裡取得一種「身分」的認可外，梁武帝顯然也考慮到他們在

世俗社會裡能否扮演一些更具體而有實際功用的角色
——只有在佛教僧侶成為中國人日常生活中不可或缺
的一分子時，他們才能成功地融入此一社會。宗教儀
式自然是梁武帝首先想到的一個點子：水陸法會、盂
蘭盆齋、梁皇懺等等這些我們今天所熟悉的薦亡儀式，
可說都是梁武帝一手設計出來、再交由佛教僧團擔綱
主持的，而僧侶也自此逐漸在中國人的喪葬與薦亡儀
式中穩穩占有一席之地。雖然梁武帝當時所設計的這
些法會，主要是針對眾生的超度，而非專為亡者經營。

　　佛教僧尼之取得照拂亡魂這個角色，其間過程自
然是相當緩慢的，首先得看佛教是否有一套死亡儀式
理論來配合，其次則須視中國民間社會對此一理論接
受的程度而定。不過，如就日後發展的情況來看，佛
教在這方面的經營顯然算是相當成功的，例如中國民
間所熟悉的為亡者所舉辦的「七七齋」（俗稱「做七」），
其說法即來自佛教。劉宋時的作品《梵網經》卷下「四
十八輕垢」即規定：「若父母兄弟死亡之日，應請法師
講菩薩戒經，福資亡者，得見諸佛，生人天上。若不
爾者，犯輕垢罪。……父母兄弟和上（尚）阿闍梨亡
滅之日，及三七日乃至七七日，亦應讀誦講說大乘經
律，齋會求福行來治生」。真正付諸實行的則是在劉宋

時，孝武帝（西元454–464年）寵妃殷淑儀過世，三七設會，僧人釋曇宗由於擅長「唱導」，被請來主持誦經。六世紀初，北魏靈太后父親胡國珍崇信佛教，死後，靈太后下詔在七七期間，為他「設千僧齋，令七人出家，百日設萬人齋，度十四人出家」。此外，根據燕京大學在1930年出版的有關中國河北省清河縣的調查報告中發現，87%的家庭，或者十六歲以上人口之中的89%，都自稱是「佛教徒」，雖然研究者對此數據表示懷疑：「很多和宗教沒有關係的人，都稱自己為佛教徒，儘管他們對佛教教義毫無理解也不遵從佛教儀式，除了在喪禮時」。然而，這段話卻也透露出佛教儀式的喪禮與中國人日常生活關係之密切——許多中國人的確是通過喪禮儀式才開始接觸到佛教的。

只是，梁武帝的這番設計也不免注定了日後佛教給予中國人的印象——一個趕經懺、做法事，專門照顧亡魂的宗教。今天當然有些佛教信徒對於這樣的一種「形象」不甚滿意，但是要曉得，未能「安身」，如何「立命」？僧團的形象再好，僧侶的修行再高超，終究不是泥塑菩薩，就算每天僅只「日中一食、食不過缽」，基本的生活需求終究還是節省不了的。換成是在魏晉南北朝與隋唐時期，也就是佛教全盛的時期，佛

教僧侶自然不用憂心生計問題，梁武帝個人在位時就曾四次捨身同泰寺，捐獻的資財（加上共襄盛舉的貴族卿相）以億萬計，唐初的三階教從事各種各樣的社會慈善事業，正如今天臺灣慈濟功德會的情況一樣，其龐大的財力也是依賴社會各階層源源不絕的捐獻而來。然而，從宋代開始，佛教的盛況已成為過去，在外來的捐獻不足以糊口的情況下，僧院所幸還有趕經懺做法事的一條生路，這就不得不欽佩梁武帝的高瞻遠矚了。譬如說，以今天臺北市寺院所舉辦的佛教法事行情來看，由寺院代辦供物，僧侶七、八人負責的一場焰口普渡法會，大概要花費新臺幣五萬元左右。就此而言，類似的法會，對許多寺院來說，無疑還是相當重要的收入之一。

對佛教僧尼而言，一般人喪葬法事的需求自然創造出極大的市場，而成為一種有利可圖的事業。只是，利之所至，競爭衝突在所難免，有時不免會傳出些有趣的小故事。例如有些地區的寺院為了避免爭執傷害到僧侶「出世」的形象，於是劃分勢力範圍以求利益均霑，然而一旦分配不均或侵犯他人地盤，衝突還是難以避免。《吳江志‧風俗篇》即有一段記載：「凡是僧寺都各有房分，每房占定本邑人戶若干，稱之為門

徒。凡是修齋作福一類的法事，只能由各僧寺料理，其他僧尼不得參預，如有私請私赴的，僧尼必定告到官府去」。至於形象的問題當然也就顧不得了。

有趣的是，佛教僧侶這份照顧亡魂的事業，嚴格說來與佛陀的教誨其實是背道而馳的。因為，就佛陀的教義來看，眾生死後輪迴的去向概依其生前本業而定——因果的機制並非任何的超度法事所能為力。即使是印度人日常生活中的宗教儀式與咒術，佛陀都認為只是些於「業」無補的癡想幻覺，無益於脫離苦海，更何況是牽涉到一生業報總結算的輪迴大事。因此，當佛陀弟子詢問他：印度人的死亡儀式裡請婆羅門繞行死者誦經，究竟是否有助於死者轉生善趣？會受到佛陀如此的反問自然不足為奇：

> 「投擲大有一人抱的石頭於水井，然後沿著水井周圍步行，誦唱：『石頭呀！浮起來吧』，則該石頭究竟會浮起來嗎？」
>
> 「不，絕不浮起來。」
>
> 「為什麼呢？」
>
> 「石頭有下沈的性質所致。」
>
> 「與此同理。人類依據生涯中自己的行為，決

定死後的命運，為他人所不能變更。」

其實，除了為佛教僧侶爭取到照顧亡魂的事業外，梁武帝對中國佛教的影響顯然還不止於此。例如，根據《廣弘明集》卷十九的記載：

> （梁武帝）造十三種無盡藏，有放生布施二科目。此藏利益已為無限，而每月齋會，又於諸寺施財施食。此外，又命令官員張文休，每日到屠宰場，看到命在旦夕的禽畜，即刻以錢贖救，濟免億數，以此為常。……張文休受到梁武帝的托付，未嘗懈怠，常常到中午都還沒吃飯，腳不停息，周遍京邑，健步如飛，擊鼓揚旗，負擔馳逐，家禽野獸乃至鳥、龜、魚、蝶等所謂四生之類，無不救濟放生。朝臣及一般民眾也都來共襄盛舉（隨喜）。（《大正新修大藏經‧廣弘明集》）

敘述的是梁武帝設置特定的庫藏以支應「布施」與「放生」兩項慈善事業所需，這也是此後千餘年來中國人所熟悉的──尤其是到市場買禽獸來放生的「善舉」

——佛教信徒的行為模式。一直到目前的臺灣佛教依然如此。

對於他的佛教改革事業，梁武帝無疑是抱有極大的決心與期許的。也因此，當他對佛教僧團的改造工作逐步接近尾聲之際，我們發現他對外界針對佛教所提出的批判就表現得愈發敏感與不容忍。前面曾提到，在梁武帝下令禁斷僧團酒肉之前，參軍郭祖深曾上書抨擊時事，其中對於佛教的批評尤為用力：「單是京城附近就有五百多間佛寺，窮極宏麗。僧尼十餘萬，資產豐沃。至於郡縣一帶的寺院，就更不可勝數了。僧人又擁有僮僕，尼則皆畜養女，都不列入戶籍，天下戶口幾亡其半。再說僧尼又多行非法，養女皆穿著華麗，傷風敗俗，皆由此而來。請精加檢括，若無道行的僧尼，年在四十以下者，皆下令還俗歸農。……僧尼皆令蔬食。如此，則法興俗盛，國富人殷。要不然，恐怕將來處處皆為寺院，人人剃度出家，所有的土地與人民再也不屬於國家」。由於深知此一舉動大大觸犯梁武帝的忌諱，郭祖深在上書時還特別備好棺木（所謂「輿櫬詣闕」），以便隨時從容就義。只是，出乎意外的，梁武帝不但沒有處罰他，反而「嘉其正直，擢為豫章鍾陵令，員外散騎常侍」；甚至日後的禁斷僧團

酒肉一事，說不定也是從郭祖深的批評中——「僧尼皆令蔬食」一句話——得來的靈感。

　　然而，十餘年後同樣就佛教的問題提出抨擊、內容也不見得比郭祖深嚴厲了多少的荀濟，所遭逢的命運可就有天壤之別。根據《廣弘明集》所載：「書奏，梁武（帝）大怒，集朝士將加顯戮」，迫得荀濟只好從此亡命東魏。前後相隔不過十餘年，為何待遇卻是如此截然不同？其間的關鍵就在於：經過這一段時期的改革，在梁武帝看來，佛教應該已經能為國人所接受，因此，若再有批評無疑就是惡意的詆毀與攻訐，他覺得似乎再也沒有忍受的必要。

新素食觀的風行

　　梁武帝是成功的，具體的表現當然是中國佛教僧團的徹底素食化。不過，他對中國社會的影響並不僅止於此，由於新素食觀的深入人心，更由於佛教僧團的全面素食，素食在中國社會已被神聖化，或者說，已成為一種宗教資質的判準。這使得以後想要在中國這塊宗教市場上爭取信徒的教派，都面臨了素食與否的挑戰，正如當年發生在印度社會的情況一樣。

　　首先採取行動的是道教徒。前面曾提到過，南北朝時期其實還是有不少道士在新素食觀的影響下終身持素的，只是這樣的一種行為始終只限於個別的道士（或者再加上門徒），陸修靜就是個著名的例子，此外如梁武帝時代的東鄉宗超：

> 　　東鄉宗超，字逸倫，……自幼即遠離塵俗，不婚娶亦不為官，……每日中午以前進食，每餐只吃麻麥，……捨所居舊宅為希玄道觀，……

梁武帝提倡儒釋道三教，下令通通素食。雖然有令，少有能遵守的。逸倫奉行，於是館中法眾，莫不食菜蔬。私有犯觸，即加斥遣。乃至廚醲不血味，遠近稱嘆，獨為清素也。（陳國符，《道藏源流考·道學傳輯佚》）

梁武帝雖然力行不殺生戒，國家祭典皆不許用牲，天監十二年（西元513年）甚至下令禁止京都附近一帶（丹陽瑯琊）的漁獵活動，然而上述引文中「提倡儒釋道三教，下令通通素食」，恐怕還非他力所能及。不過，從這一段記載我們也可以得知梁武帝當時禁斷佛教僧團酒肉對道教的確帶來相當大的衝擊，道士起而效法自不足為奇。照東鄉宗超的傳記看來，他的生活模式已幾乎是完全以佛教僧侶為典範（獨身、素食）。可惜的是，這樣的理想終究還是只能行之於他自己的道館內，而無法擴展成一種全面性的運動。

崛起於十二世紀下半葉的華北而有「新道教」之稱的全真教，也有類似的改革，因為全真教的創始人王重陽（西元1113–1170年），其實也是以仿效佛教的出家——長住道觀、獨身、素食——作為改革道教的第一步。不過，王重陽在道教史上的地位比起東鄉宗

超可是重要得多了，因為他的幾個弟子，例如馬丹陽、丘處機等都是非常傑出的宗教家，全真教也因此一度成為華北地區最興盛的道教教團，延續至今仍為道教最主要教派之一。只是，儘管王重陽的努力確曾取得一時的成功，一般世人對道士的認識並沒有因此而清晰起來：因為，有的道士固然是居觀獨身持素，有的卻仍是娶妻生子葷酒不拘。換言之，整個道士教團並沒有一個統一而確定的生活樣式，在此情況下，道士的身分與形象無法像佛教僧侶一樣成功地被塑造出來，自也不足為奇。

為何道士教團無法整體一致地——就像佛教僧團一樣——服膺於一個統一的生活規範？這點牽涉到中國道教本身的分歧性——不管是在經典還是在組織上。就拿全真教來說好了，就算是在華北，其他小教派仍然持續存在，而且不管是在教義經典或禮儀規範上也還堅持自己原有的傳承，全真教對此都無能為力，更別提遠在正一教盛行的南方了。正一教傳自江西龍虎山張天師一系（又稱龍虎宗），世代相襲，子孫相繼，根本就談不上出家這回事，與北方的全真教自然是南轅北轍。可是它們卻都同屬道教的一支，而且不管是民間故事裨官野史，一提到請道士驅鬼捉妖，出場的

總是張天師。雖然這是因為道教有鍊養派與符籙科儀派之分，卻適足以混淆世人對道教的認識，而其身分自然也就很難取得一致的認同。因此，就本文探討的角度來看，「道士」與其說是一種「身分」，毋寧說是一種「職業」或許還更貼切些。就此而言，與日本佛教的情況倒是有點類似。

一提到日本佛教，大家馬上就聯想到日本和尚（日本佛教無比丘尼）是可以娶妻吃肉的。其實並非所有的日本僧侶皆可如此，有些教派（例如真言宗本願寺系統的）是允許娶妻吃肉的，有些教派（例如臨濟宗系統的）至少戒律還是規定必須維持獨身、素食（所謂精進料理）。生活樣式不統一的結果，就像中國的道教一樣，日本人也很難就他們佛教僧侶的「身分」取得一個共識。結果是，僧侶在日本就像社會上的某種行業一樣，負責的主要是喪葬儀式，這通常也是日本人對佛教僧侶的印象。

不管怎麼說，全真教對素食的提倡還是很堅持的。一直到今天為止，只要還承認自己是隸屬於全真教系統的道觀，道士基本上仍必須遵守長住道觀獨身持素等種種清規，佛教的影響於此清晰可見。日本學者吉岡義豐在二次大戰期間（西元1940–1946年），曾對北

京西郊的白雲觀做過長期的田野調查，眾所周知，白
雲觀歷史悠久，是全真教龍門派祖庭，目前則是中國
道教協會所在地。根據他的實地觀察，道觀對觀中道
士獨身持素的清規的確非常堅持：道士不准夜不歸宿、
吃葷飲酒，違者逐出道觀，連不假外出都要受罰。吉
岡義豐也承認，雖然白雲觀的素食名聞北京，觀中一
般道士日常的伙食卻相當粗糙，初食者的確不易適應，
可見住觀道士生活的清苦。只是，由於素食乃至獨身
在道教本身並沒有得到一致性的認同——換言之，當
社會上一般人對於道士究竟是否應該素食仍處於沒有
定見的情況下，即使是全真教的道士，在偶然的一些
場合裡，對於新素食觀的堅持有時也不免會有所讓步。
吉岡義豐在同一調查裡也有如下的記載：

> 當我在北京時，只要一有空就造訪白雲觀，而
> 且可以隨意逗留。主持安世霖也曾到北京拜訪
> 我。記得他第一次來訪時，我有點猶豫要如何
> 招待一位只吃素的道士，最後只好直截了當地
> 問他：「魚和肉能吃嗎?」「在道觀裡，我們嚴守
> 清規，外出時就比較有彈性。有時候，道士必
> 須要離觀出差兩個星期或甚至一個月，要是仍

然堅持素食，萬一找不到合適的食堂，豈不是
要餓死。就算只是來城裡一天，由於找一家素
食館子並不容易，豈不是得整天都沒得吃。平
心而論，離開道觀外出後，想要嚴守清規是不
可能的。」面對他這麼坦然的陳述，我不禁為自
己的愚蠢的教條主義深感自責。

不管怎麼說，十二世紀末從道教內部進行的改革
運動，還是具體說明了新素食觀以及梁武帝所重新塑
造出來的佛教僧團對中國社會的強大衝擊。其實，早
在全真教之前，中國境內已經出現過一些以素食聞名
於當時的民間宗教，更重要的是，這些教派對素食的
要求是及於教派全體成員的（包括教士與信徒），而我
們曉得，即使是佛教與全真教，素食的戒律基本上也
僅止於其僧侶和道士，對於一般信徒則還是處於道德
勸說的階段。這些以素食為號召的新興教派到底起源
於何時，史無明言，不過，最早見之於史料的是後梁
貞明六年（西元920年）的一段記載：

　　陳州（河南淮陽）末尼黨徒立母乙為天子，朝
　　廷發兵討之，生擒母乙，餘黨械送闕下，斬於

都市。初，陳州里俗喜習左道，依浮圖之教，自立一宗，號「上上乘」。不食葷茹，誘化庸民，糅雜淫穢，宵集晝散。由於刺史惠王友能的治理無方，因此妖賊嘯聚，累討未平，等到後梁貞明年間，誅斬方盡。後唐石晉時，又暗中復興。（《大正新修大藏經‧大宋僧史略》）

到了宋代，類似的「不食葷茹，宵集晝散」的教派宛如雨後春筍般紛紛在江南一帶出現。官方原先對這些新興教派並沒有太大的興趣，僅將之視為一般的民間信仰，一直要等到北宋宣和二年（西元1120年）方臘在江浙一帶起事，有不少這類教派的信徒參與，這才引起政府的注意，而地方官員也開始上報他們的動靜：

（宣和二年）十一月四日，臣僚上言：溫州（浙江南部）一帶狂悖之人，自稱「明教」，號為「行者」。至今以來，明教行者各於所居鄉村，建立屋宇，號為「齋堂」。例如溫州共有四十餘處，並是私建無名額佛堂。每年正月內，取曆中密日聚集侍者、聽者、姑婆、齋姊等人，建設道場。鼓扇愚民男女，夜聚曉散。（《宋會要輯稿》）

然而當時並無法令可以取締這些新興教派的信徒，尚書省遂於宣和三年（西元1121年）閏五月七日上書：

> 經查江浙喫菜事魔之徒，習以成風。自來雖有禁止傳習妖教的刑賞，然而並無止絕喫菜事魔的條文。州縣監司既然不加禁止，民間無由告捕，遂致事魔之人聚眾山谷。一日竊發，倍費經畫。若不重立禁約，即難以止絕，乞修立條。從之。（《宋會要輯稿》）

為了有效遏阻這些教派勢力的擴張，宋代官方的確是從重量刑：

> 所有喫菜事魔或夜聚曉散、傳習妖教者處以絞刑，從犯者發配三千里，婦女千里編管。託幻變術者減一等，皆發配千里，婦人則五百里編管。……非傳習妖教者，流放三千里。許人追捕至死。財產備賞，有餘沒官。其本非徒侶而被誑惑，不曾傳授他人者，各減二等。（《宋會要輯稿》）

引的雖然是南宋紹興年間的敕令，應該只是重申宣和年間的舊律，想來不致有太大的出入。

這是「喫菜事魔」一詞首見於官方文書，其實這些教派的信徒有的是自稱為「道民」的。「事魔」自然是統治者的污蔑，因為古今中外沒有一個教派會自稱為「邪教」或「魔教」，並承認自己所信仰的對象是「惡魔」。不過，這個「魔」字指的究竟是不是摩尼教的創始人摩尼(Mani)，我們一時似乎也還無法給個確切的答案。姑且不論這些教派的信仰內容如何，當時人們所能確認的是：這些新興教派是以「素食」(喫菜)為號召，且其信徒普遍禁絕酒肉，聚會的方式則是「夜聚曉散」。這也成為後來官方取締的最重要依據。從史實來看，自從方臘起事後，所謂的「喫菜事魔之徒」似乎就一直是宋代地方治安上相當頭痛的問題，以至於在當時的官方文書、私人筆記裡都留下了不少的記錄。為何這些以素食為號召的教派會成為宋代治安的問題？其間的因素自然是相當複雜的。不過，由於這個問題並非本文主旨所在，而且相關研究也甚多，這裡就不再贅述。

不管怎麼說，照史料看來我們所能確認的一點──這也是本文的重點──是：從五代以來，在中原

地區已出現了相當數量的、長期持齋的信徒，到了宋代，這種風氣更蔓延到江南和福建一帶，並形成當時政府的一大困擾。這些在當時文獻裡被統稱為「喫菜事魔」的信徒到底是屬於哪些教派？關於這一點，宋代佛教史家宗鑑的《釋門正統》與志磐的《佛祖統紀》共列出了三個教派，分別是：摩尼教（明教）、白雲菜（宗）與白蓮菜（宗）。並批評它們：「皆假名佛教，以誑愚俗。……今摩尼尚扇於三山（福建），而白蓮白雲處處有習之者。這些教派由於不食葷酒，故易於裕足，不殺物命，故近於為善。愚民無知，皆樂趨之，故其黨不勸而自盛」。（《大正新修大藏經‧佛祖統紀》）

　　書中對這幾個教派極盡攻訐詆毀之能事，例如對白蓮宗的描述：「謹蔥乳，不殺，不飲酒，號白蓮菜。受其邪教者，謂之傳道。與之通淫者，謂之佛法」。這也難怪，因為不管是白蓮宗還是白雲宗，打出的旗號都是佛教，吸引信徒的手段也不外乎「素食、不殺生」等等，作為一個正統的佛教信徒（宗鑑與志磐），在市場競爭的原則下，自然是無法忍受，所謂「惡紫之奪朱」大概就是這個意思。宗鑑甚至還想訴諸政治及社會的壓力，除了給這些素食主義的信徒加上「喫菜事魔」的惡名外，還大聲疾呼：「以修懺念佛為名，而實

通姦穢，有識士夫宜加禁止」（雖說「修懺念佛、素食與不殺生」本來就是佛教一貫的訴求）。不過，從他們氣急敗壞的抨擊以及他們一再強調「其黨日盛」的說辭看來，這些教派顯然已對當時的正統佛教構成了莫大的威脅。

不過，宗鑑將摩尼教與白雲宗、白蓮宗一律列為佛教異端（假名佛教）顯然是有問題的。白雲宗與白蓮宗的開山始祖固然出自佛教，摩尼教卻是個如假包換的外來宗教，而且——更有意思的是——它們從一開始就是個強調素食的宗教。根據史料，波斯人摩尼於西元三世紀中葉創摩尼教，他的戒律中有所謂的「五令」和「三封」。「五令」指的是：「尊敬聖靈，樂於齋戒、祈求和施捨」；「樂於遵守不說謊、不殺生、不吃肉的律則」；「樂於遵守潔淨、安貧的律則」；「尊敬謙讓、仁慈」等。「三封」則是：口封、手封和胸封。所謂的「口封」是：禁止褻瀆言語、吃肉和飲酒。「手封」是：禁止僧侶從事耕田、收穫和殺害任何動植物的事情。「胸封」是指禁止性交之事，因為性交被視為是惡魔通姦的模仿，會導致物質的生殖。

嚴格說來，這些戒律與古印度的傳統「五戒」實相去不遠。不過，移居印度的雅利安人本來就與移入

波斯的雅利安人同樣來自高加索一帶，擁有類似的倫理觀應當也是意料中事。再說，摩尼本人也曾經拜訪過印度，親身體驗到當時印度社會強調不殺生與素食的宗教價值實亦不足為奇。只是，這裡我們要強調的是：摩尼教固然有如此的戒律，其對象卻僅只限於僧侶階層。因為，如果一般人也完全遵守這些規定，則無疑會導致人類全體的餓死及滅絕。因此，這些規定只適用於摩尼教中的出家者（僧侶），而不及於一般信徒。一般信徒所要遵守的只是下列的十誡：一、不拜偶像，二、不謊語，三、不貪，四、不殺，五、不淫，六、不盜，七、不行邪道巫術，八、不二見（懷疑），九、不惰，十、每日四時（或七時）祈禱。

　　摩尼死後（西元277年），摩尼教開始往東方傳教，而在唐高宗時（西元650-683年）傳入中國。安史之亂後，由於一些歷史機緣的巧合，摩尼教一度成為回紇人的國教。《九姓回鶻可汗碑》第八行記錄如下：

　　　　而受明教，熏血異俗，化為蔬飯之鄉，宰殺邦家，變為勸善之國。

這個碑文當然是有點誇張。因為，回紇為游牧民族，

要他們完全採取素食可不是件容易的事。再說，摩尼教除了納入選民的僧侶階層外，本來也並不要求一般信徒持素。不過，由此碑的記載，我們大致亦可了解他們對素食的重視。

隨著回紇人勢力的消退，唐武宗在西元843年藉著滅佛的機會一併消滅摩尼教。根據史書所載：

> 武宗會昌三年（西元843年），敕天下摩尼寺並廢入官。京城女摩尼七十二人死。及在此國迴紇諸摩尼等配流諸道，死者大半。（《大正新修大藏經・大宋僧史略》）
>
> （會昌三年）四月中旬敕，令煞（殺）天下摩尼師，剃髮、令著袈裟作沙門形而煞之。摩尼師即迴鶻所崇重也。（圓仁，《入唐求法巡禮行記》）

摩尼教此後在中國歷史上即暫告消聲匿跡。然而，等到它再度出現時，卻已是個信徒全面素食——相對於以前只有僧侶階層素食——的教派，而且被列入「喫菜事魔」的行列。這就是歷史上鼎鼎有名的明教。由於出身背景與白雲宗、白蓮宗的不同，我們認為摩尼

教的素食應該是有其歷史淵源的，不過，它之所以走上全面素食的道路則可能與當時中國的特殊環境有關。

新素食觀之所以盛行，佛教的不殺生戒當然是扮演了啟動的角色。然而，除此之外，我們可也別忘了當時中國一般物資條件的配合。這裡所謂的「物資條件」其實就是當時中國社會的相對匱乏的現象。

除了少數幾個被視為「太平盛世」的時期外，歷史上的中國基本上是個貧窮的國家，呈現在日常生活上就是肉食的匱乏。對於生活在當今富裕社會的人來說，或許很難想像「一肉難求」的時代。只是這樣的時代確曾在中國歷史上存在過（游牧地區除外），而且還持續了相當長久的時間。實際上，不管臺灣還是中國大陸，大概都一直要到最近代才算勉強擺脫了這個命運──或許也還不及於整個中國大陸地區。也就是在這樣的條件下，宗鑑才會說：「不事葷酒，故易於裕足」。更詳盡的說明則來自南宋高宗時的起居舍人王居正。王居正在紹興四年（西元1143年）曾就「喫菜事魔」黨徒為何始終無法根絕一事提出自己的看法：

伏見兩浙州縣，有喫菜事魔之俗。……臣聞事

魔者每鄉或村，有一二桀黠者，謂之「魔頭」。盡錄其鄉村之人姓氏名字，相與詛盟，為事魔之黨。凡事魔者不肉食，而一家有事，同黨之人皆出力以相賑卹。蓋不食肉則費省，故易足。同黨則相親，相親故相恤，而事易濟。民愚無知，以魔頭之說為皆可信，而爭趨歸之。此所以法禁愈嚴而愈不可勝禁。（李心傳，《建炎以來繫年要錄》）

除了指出宗教可以提供給信眾一種共同體意識外（「同黨則相親，相親故相恤，而事易濟」），還特別說明「不食肉則費省，故易足」。摩尼教或許也就是在這樣的一個環境下，才會決定將其素食的主張貫徹到一般的信徒。

　　類似的物資條件一直到五、六百年後，西方傳教士開始踏入中國時，仍沒有太大的變化。法國史家布羅代爾(F. Braudel)就曾在其名著《15至18世紀的物質文明、經濟和資本主義》（第一卷）裡以「肉食者的歐洲」一詞，來形容歷史上歐洲人所能享用的肉食分量普遍要遠超過中國、印度、日本與中東一帶的民眾。根據他的敘述：

中國人吃肉很少。幾乎沒有為屠宰而飼養的家畜。……拉斯戈臺斯神父說，這些為數不多的動物不能滿足一個天性愛食肉的民族（指歐洲人）的需要。除了蒙古人習慣吃煮羊肉，中國人吃肉總要加點別的東西。肉切成能一口吞下的小塊，有時甚至剁成餡，作為「菜」的配料使用。按照傳統，中國人吃飯時有許多小盒裝「菜」，其中的魚或肉配著蔬菜，佐以醬油和其他調料。不管這種烹調事實上多麼講究，多麼精打細算，它還是叫歐洲人吃驚：在歐洲人眼裡它仍是太少了。拉斯戈臺斯神父寫道：即使有錢人，也不過「好像只是為了增加食欲才夾幾塊豬肉、雞肉或別的肉吃。……不管他們多麼有錢，地位有多高，他們消費的肉食為數甚微。如果他們像我們歐洲人一樣吃肉，他們擁有的各種肉食無論如何不夠他們的需要，……會把整個國家吃窮的」。那不勒斯人熱梅利·卡勒里曾從廣州到北京又從北京回廣州穿行中國，1696年（康熙三十五年）他對客店供應的素菜大為惱火，按他的口味這些菜索然寡味。他不得不在宿處附近和在集市上碰運氣另購食

物：雞、蛋、野雞、兔子、火腿、山鶉……。
1735年（雍正十三年）左右，一位歐洲觀察家
斷定：「中國人很少大塊吃肉」。他接著說：「他
們因而只用很少的土地來飼養家畜」。四十年以
後，一位在北京工作的傳教士說得更加明確：
「歐洲近代哲學家們沒有想到人口過多帶來的
種種不便和後果」，而人口過多卻迫使中國人
「不養牛羊，因為供牛羊生活的土地必需用來
養活人」。於是「田裡缺少肥料，飯桌上缺少肉，
打仗缺少馬」，「為收獲同等數量的糧食需要付
出更多的勞動，使用更多的人」。他總結說：「相
對而言，法國與中國的養牛數量至少為十比
一」。

就此而言，我們或許可以重新回頭思考當初梁武
帝禁斷僧團酒肉之得以成功的因素。換言之，以中國
南北朝當時的物資條件來看，即使梁武帝統治的時期
大致上算得上是個盛世，當年在京城建康的僧團裡，
恐怕也只有極少數高階的僧侶能有較多的機會享用肉
食。其他地區的僧團想來亦是如此。這也是為何梁武
帝決定要處罰違反禁止酒肉戒律的僧侶時：「最好是挑

選僧團長老，以及擁有最多門徒的僧人，這兩種人應當先追究。為何如此？因為處罰一個無行小僧，不足以改革物心，處罰上述那樣一個大和尚，才足以驚動視聽」。其實，除了打蒼蠅不如打老虎的效果外，更重要的原因則是——要逮到一般小僧犯戒飲酒吃肉的機會並不容易。既然僧團中大多數的僧侶平時皆已習於素食，梁武帝要求禁斷酒肉，他們可是找不出反對的理由。梁武帝顯然也已洞悉其中奧妙，所以才會在第二次集會時，特別針對一些大德高僧施予震撼教育，因為只有他們，才是真正需要警告的一群。

不管怎麼說，儘管宋代官方不斷的鎮壓與污名化，這些以素食為號召的新興教派還是堅強地存活了下來。而且，除了摩尼教（明教）、白蓮宗、白雲宗外，舉凡此後由中國土壤自發性產生或由上述教派衍生發展出來的民間宗教，例如羅教（齋教）、一貫道等等，幾乎無一例外皆以素食為號召。雖然這些宗教基本上都沒有出家眾的團體，對素食究竟堅持到什麼程度可能也都還有疑問，新素食觀的風靡天下確已是個不爭的事實。

本土性的宗教團體幾乎清一色地向佛教靠攏，以佛教僧團的生活規範為其學習對象，作為中國社會最

主要身分團體的儒家士人又是如何看待此一現象？儒釋道三家的爭論綿延已有一千五百年以上，可說是中國思想史上最重要課題之一，相關論述算得上汗牛充棟，這裡就不再贅述。我們還是回到佛教僧團的生活樣式（出家與素食），特別是素食的問題來談。

從儒家的倫理來看，出家乃是無君無父的行為，而且「不孝有三，無後為大」，因此完全沒有商量的餘地，唯一可以容忍的大概只有年老出家，就像印度婆羅門的想法一樣。至於素食的問題，在前一篇裡，筆者曾提到過，儒家原本即有素食的規定，只不過是侷限在齋戒的場合，因此，對於佛教徒大肆宣傳「肉食即殺生，素食即慈悲」、等於將素食無限上綱的作法，自然是大不以為然。在儒家看來，除了人類之外，其他眾生（包括所有動植物）存在的唯一價值就是供給人類利用——不管是提供食物或勞力。 遵照的還是——坦白說——弱肉強食的基本原則，正如《摩奴法論》所言：「不動物為動物之食，無牙者為有牙者之食，無手者為有手者之食，膽小者為膽大者之食」。當然，人類也不會愚蠢到採取竭澤而漁的手段，所謂的「厚生利用」就是儒家對待眾生的基本態度，「不用細密的魚網到大的池沼裡捕魚，那魚類就會吃不完了；砍伐

樹木有一定的時間，木材也可以用不盡了」，《孟子·
梁惠王》篇的這段話可說是此一詞彙最好的解釋。平
心而論，這也是幾乎所有——除了堅持不殺生戒的印
度人之外——民族的共通態度。宋代理學家朱熹（西
元1130–1200年） 對佛教的一段評論最能代表儒家上
述的觀點：

> 釋老稱其有見，只是見得個空虛寂滅。真是虛，
> 真是寂無處，不知他所謂見者見個什麼？莫親
> 於父子，卻棄了父子；莫重於君臣，卻絕了君
> 臣；以至民生彝倫之間不可闕者，它一皆去之。
> 所謂見者見個什麼？且如儒家聖人所說「親親
> 而仁民，仁民而愛物」；他卻不親親，而卻要仁
> 民愛物。儒家聖人愛物時，也不過是食之有一
> 定的時節，使用時有節制；見生不忍見其死，
> 聞聲不忍食其肉；如仲春之月，作為犧牲的供
> 品不用母的，不用初生的小獸，不用有卵的，
> 不殺有胎的，不覆巢取卵之類，如此而已。佛
> 家則不食肉，不茹葷，以至投身施虎，這是什
> 麼道理？（《朱子語類》）

在討論鬼神之事時，他曾說了段故事，其中也稍稍開
了素食一個小玩笑，藉以說明徹底素食之不可行，尤
其是在宗教祭祀的場合：

> 蜀中灌口二郎廟，當初是李冰因開離堆有功，
> 立廟。後來出現許多靈怪，乃是他第二個兒子
> 出來。初間封為王，後來（宋）徽宗喜好道教，
> 說二郎神是甚麼真君，遂改封為真君。以前張
> 浚在四川用兵時曾祈禱於其廟，夜夢二郎神告
> 訴他：「我一向以來封為王，有血食之供奉，故
> 威福得行。今號為『真君』，雖尊，皆祭我以素
> 食，無血食之奉養，故無威福之靈。今須復封
> 為王，當有威靈」。張浚遂乞復其封號。不知張
> 浚是真有此夢，還是因為一時用兵所須，假託
> 為此說。現在每年人戶賽祭，殺數萬來頭羊，
> 廟前積骨如山，州府官方亦得此一項稅錢。……
> 大抵鬼神用生物供祭祀的，皆是假借此生氣為
> 靈。古人釁鐘、釁龜，皆此意。（《朱子語類》）

他的弟子王過也批評過當時士大夫流行請僧侶做法事
的習俗，重點還是擱在祖先「血食」與否的問題，這

應該也是朱熹的觀點：

> 王過常討論士大夫家忌日用浮屠誦經追薦，鄙
> 俚可怪。既無此理，是使其先不血食也。（《朱
> 子語類》）

有趣的是，儘管朱熹本人對佛教毫無好感，有時甚至激烈到主張「釋老之學盡當毀廢」。然而，對於素食的問題，他始終沒有提出正面的抨擊，他的批評嚴格說來實在是軟弱無力的，只能在祭祀一類的事務上發出微弱的抗議之聲。其中的因素在於：除非他肯訴諸赤裸裸的「弱肉強食」的原則，否則面對「肉食即殺生，殺生則傷慈」的指控，實在是無招架之力，這似乎也是所有自命為「文明」的人所面臨的窘境。然而，要朱熹這樣的儒家信徒放棄自己的堅持，轉而接受佛教全面不殺生素食的主張，卻也有其實際為難之處。

因為，第一，這牽涉到宗教信仰的問題，也就是儒家所堅持的祖先血食──包括國家祭典裡獻祭太牢、少牢──與否的問題；其次是，素食乃至獨身，對中國佛教僧侶而言，實關係到他們的「身分」問題。

正如我們前面討論印度人的素食時所提到的，印度人是否採取素食主要得看他們各自確認的「身分」而定，「如果某個地區裡面素食者與婆羅門之間的競爭並不明顯的話，或者是有些婆羅門自己已接受某種比較低下的地位的話，他們就會吃肉」。反之，為了維持身分的尊貴，就必須吃素。因此，只有「徹底素食的婆羅門」才會被承認為「最尊貴的婆羅門」。中國佛教僧侶的「身分」也是按照這樣一套邏輯掙來的。就此而言，當新素食觀在中國民間社會已取得普遍認同時，儒家的士人團體如果還想要維持其在中國社會原有的優勢地位，採取跟進的方式似乎不失為一條可行之策，也才有可與佛教教團互相競爭的本錢。問題是中國的士人團體所面臨的問題要遠比印度的婆羅門更為複雜。單只素食不殺生、甚至戒酒都還好商量，因為儒家本來也有節制飲食的規範。然而，要不要同樣為了競爭，也效法僧侶遵守獨身的戒律？遵守的話，傳宗接代怎麼辦？「不孝有三，無後為大」可是儒家自古以來最重要的明訓之一。此外，是否也學僧侶一樣，拒絕出仕以示遠離紅塵？是的話，那儒家所謂「士以天下為己任」的抱負到底還維不維持？換言之，儒家安身立命的基礎本來跟佛教就是南轅北轍的。

其實，就算士人團體既戒酒肉又禁絕女色，做到像佛教僧團一樣「超凡入聖」的境界，也沒有可能取代僧侶而成為一般社會大眾在精神乃至靈魂上的「導師」。這並不是說儒家的士人團體無法擔當起指導眾人的責任，事實遠非如此，在俗世社會的日常生活、家族人倫規範乃至經國治世的事務上，士人團體在中國社會擔綱扮演「作之師」的角色，至少已有兩千年以上的歷史。只是，儒家關注的是現世，在「未知生焉知死」、「敬鬼神而遠之」等等老夫子的明訓下，士人團體對於彼世，原則上是採取存而不論的態度。正如二十世紀初德國社會學者韋伯(Max Weber)在《中國的宗教》一書裡所說的：「無論如何，儒教總是瀰漫著一股絕對的不可知論以及根本上的否定氣氛，反對任何對於彼世的冀望」，「儒教倫理中並沒有救贖的觀念。儒教徒當然沒有被『拯救』的慾望：不管是從（佛教）靈魂的輪迴，還是從（基督教）彼世的懲罰當中被拯救。這兩個觀念都是為儒教所不知的。儒教徒無意於棄絕生命的救贖，因為生命是被肯定的；也無意於擺脫社會現世的救贖，因為社會現世是既有而被接受的。他只想透過自制而謹慎地掌握住此世的種種機運。他沒有從（基督教徒式的）原罪或人的墮落中——這是

他所不知的——被拯救出來的渴望。他希望被拯救的，沒有別的，或許只有無尊嚴可言的粗野不文。只有侵害到作為社會基本義務的恭順時，才構成儒教徒的『罪』。在此限制下，儒家根本就不可能發展出一套首尾一貫、言之成理的觀念來解釋彼世——有關生死、輪迴乃至鬼神——的一切，遠比不上佛教在這方面的優而為之。就此而言，即使是多方抄襲佛教理論的道教，至少也還有個「成仙之道」可以提供給世人對彼世的一份憧憬與幻想。

在〈古代印度的王權觀念〉一文裡，杜蒙曾對古代印度種姓秩序裡剎帝利與婆羅門的關係，或更具體的說，君主與祭司階層的關係——因為剎帝利與婆羅門的關係，無疑是以君主與祭司的關係為其典範——做過一個扼要的說明：

> （印度）宗教精神原則與王權原則之間的關係可從一個制度獲得完全的了解，這個制度把此關係具體呈現為人與人的關係，把抽象的理念相當完整的表現出來。國王不只是要雇請婆羅門從事公共祭儀，他還必須與某一個婆羅門建立起固定的、私人的關係，這個婆羅門即是國

王的王家祭師（purohita，字面意思是「在其前面者」）。……它的意思是指一種精神上的代表或前鋒，幾乎是國王的「大我」。眾神拒絕享用沒有王家祭師的國王所獻的祭品。……不僅如此，國王一生中的一切行動也都要依靠他，因為沒有他就不能成功。……其關係像婚姻一樣緊密。正如《黎俱吠陀》早已說過的：「他富足的住在其宮中，大地供應他各種禮物，人民自然服從他，他是一個婆羅門永遠走在他前面的國王」。俗世的權威之所以獲得保障，是因為國王以私人身分向化身為王家祭師的靈性權威表示順從。

梁武帝是否曾想為佛教的僧侶在中國這塊土地上，爭取到類似古印度婆羅門的身分與待遇？這點我們不得而知。不過，就算他有過這樣的想法，顯然也不太可能實現。梁武帝個人的崇佛禮僧，自是無庸置疑，在他統治時期僧侶往往自由進出宮禁無所忌憚，曾有一度朝中大臣為了壓抑僧侶的氣焰，決議「除天子外，僧侶一律不許登上御座」，消息一傳出去，名僧智藏即刻進宮直入大殿坐上皇帝寶座，梁武帝也只好下令前

議作廢。然而即使受到如此尊崇的待遇，在傳統的國家祭典裡，佛教僧侶還是沒有能夠扮演任何的角色——儘管這些祭典中的犧牲，早就在佛教不殺生戒的感召下被梁武帝赦免了。實際上，就算是梁武帝對此也無能為力，在中國歷史上（除了少數異族征服王朝外），不管歷代君主個人宗教的傾向如何，傳統的國家祭典基本上總是在固有——也就是儒家禮儀——的規範下進行的，佛教和其他宗教是與此無緣的，這一點直到現在還是如此。傳統的國家祭典都如此，一般有關國計民生、軍國大事就更非其他宗教人士所能插手；果真有這種情況出現，在中國歷史上即被視為典型的「朝政紊亂」的象徵。

然而，對於在此之外的、一切屬於幽冥世界、生死之關以及似有若無之間的領域，換言之，屬於彼世——超自然或宗教性——的一些事務，儒家的士人團體就無能為力了，而不得不拱手交給其他的宗教團體來擔綱。這也是為何就算像朱熹那樣的大儒，在一段有關鬼神的語錄中，也不得不承認佛教僧侶確實有制服鬼神的本事，並將這種能力歸之於僧侶由於出家素食苦行而得到的卡理斯瑪(charisma)：

世人所謂鬼神，亦多是喫酒喫肉的人變化而成，
看到僧侶戒行精潔，乃是方寸之間無所牽掛的
人，如何能不生欽敬。（《朱子語類》）

也因此，當我們發現他在整整一卷數十頁抨擊佛教言
論的結尾，會洩氣地說出如下的一段話，或許就不至
於感到太過驚奇：

釋氏之教，其興盛如此，其勢如何拗得他轉？
我們一般人家守得一世再世，不去崇尚佛教的，
已經相當難得。三世之後，一定被他轉變了。
不知大聖人出，「所過者化，所存者神」時，又
如何？（《朱子語類》）

聖人不出，其奈天下蒼生何？朱熹對這份神聖的使命
顯然還是有些期待的，而他的理想在明太祖朱元璋的
統治時期的確也曾短暫地實現過。由於對佛教在中國
民間社會的影響力——尤其是佛教喪葬儀式——的不
滿，明太祖開國後，在整頓綱紀的理念下，頒布了一
系列大致上以《朱子家禮》為本的禮制改革，並輔之
以強制的手段，譬如說「修薦求福一切禁絕」，而火葬

更被列為大忌，重者依發塚律處斬，輕者（如果是遵照亡者遺囑）則杖一百。在嚴刑重罰的威嚇下，明太祖的政策確實也曾收效一時。然而，如從日後明清社會乃至今日臺灣一般民間日常生活習俗來看，不管是朱熹的理想還是朱元璋的強制手段，最終似乎還是難以抵敵佛教在中國民間社會的強大滲透力。

結　論

　　西元紀年初發生在亞洲大陸上的「法輪東轉」的現象，套句佛教的詞彙，無疑是人類文明史上的「一大事因緣」。在傳抵中國數百年之後，佛教終於成功地融入當地社會，成為中國人生活中不可或缺的一部分，而在同時——我們別忘了——佛教也還在繼續其改造中國社會的艱鉅工程。換言之，隨著佛教而來的印度文化與中國文化就是在這樣一個不斷互動的過程中融合起來，中國佛教的徹底素食化以及新素食觀的深入中國民間就是最好的例子。

　　佛教初入中國時，雖然帶來了印度傳統戒殺生的觀念，然而僧團本身並沒有將此一觀念與素食視為一體，儘管有個別的僧侶堅持素食，民間社會與道士起而效法者亦不乏其人，新素食觀在中國民間社會的光環，還遠及不上其日後來得神聖與璀璨。梁武帝禁斷僧團酒肉的歷史意義就在這裡：首先，第一個全面素食的佛教僧團就此在中國出現，而且成為此後中國佛

教最主要的特徵，僧侶終身持素乃是天經地義的事。素食的戒律貫徹得如此嚴格，以至於梁武帝改革後只不過百年，唐僧義淨（西元635-713年）就必須要等到抵達印度留學後，才發現事實並非全然如此，還為了素食與肉食的問題在《南海寄歸內法傳》裡發了一頓牢騷。換言之，傳入中國的印度佛教，在梁武帝禁斷酒肉的詔令下出現了劇烈的變化，顯然是無庸置疑的。就此而言，我們的確可以放心使用「佛教的中國化」這樣一個概念。

其次，經過梁武帝這番劇烈的改造後，不殺生、慈悲等觀念已和素食完美的結合起來，並透過中國的佛教僧團具體地呈現出來，對中國民間社會的說服力無疑倍數地擴大了，這一點可以解釋為何此後中國本土性的新興宗教無不高舉——不管落實到什麼程度——「素食」這面大旗。而這些宗教的推波助瀾，反過來卻又強化了新素食觀在中國人心目中的地位——對於絕大多數的中國人而言（不管他是否佛教信徒），素食的正當性幾乎是無可辯駁的，雖然他自己多半並不是個素食者。就此而言，儘管梁武帝在西元六世紀初的改革僅是針對佛教僧團而發，影響所及的卻是中國社會觀念的激烈改造，而且我們最好也別忘了，掀

起這番思想改造的核心觀念 —— 不殺生 —— 卻正是源
自遙遠古老的印度。

圖片出處

五天竺圖，《中華古文明大圖集‧通市》，臺北：宜新
　　文化，1992，頁226。

番王禮佛圖，《中華古文明大圖集‧世風》，臺北：宜
　　新文化，1992，頁210。

莫高窟彩塑，《中華古文明大圖集‧世風》，臺北：宜
　　新文化，1992，頁257。

眾仙圖，《中華古文明大圖集‧世風》，臺北：宜新文
　　化，1992，頁275。

釋迦出山圖，《中華古文明大圖集‧世風》，臺北：宜
　　新文化，1992，頁205。

鎏金銅釋迦像，《中華古文明大圖集‧世風》，臺北：
　　宜新文化，1992，頁252。

摩尼教經典殘片，《中華古文明大圖集‧世風》，臺北：
　　宜新文化，1992，頁220。

傳戒圖，《中華古文明大圖集‧世風》，臺北：宜新文
　　化，1992，頁208。

泉州摩尼教遺址，《中華古文明大圖集‧通市》，臺北：
　　宜新文化，1992，頁275。

僧犁圖，《中華古文明大圖集・世風》，臺北：宜新文
　化，1992，頁289。

文明叢書——

把歷史還給大眾，讓大眾進入文明！

文明並不遙遠、艱澀，
而是人類生活的軌跡；
經由不同的角度與層次，
信手拈來都是文明；
歷史不再蹲踞於學院的高塔，
走入社會，行向更寬廣的天地。

文明叢書 1

蠻子、漢人與羌族

王明珂／著

在中國西南的溝寨裡，羌人世代生息；傳說他們是大禹的子孫，也有人說日本人正是羌族的後代。歷史的多舛，帶來認同的曲折，作者從第一手的田野經驗出發，帶您探索羌族族群建構的旅程，讓您重新認識這群純樸的邊疆朋友。

文明叢書 2

粥的歷史

陳元朋／著

一碗粥，可能是都會男女的時髦夜點，也可能是異國遊子的依依鄉愁；可以讓窮人裹腹、豪門鬥富，也可以是文人的清雅珍味、養生良品。一碗粥裡面有多少的歷史？喝粥，純粹是為口腹之慾，或是文化的投射？粥之清是味道上的淡薄，還是心境上的淡泊？吃粥的養生之道何在？且看小小一碗粥裡藏有多大的學問。